科特勒新营销系列

营销革命

MARKETING 5.0
TECHNOLOGY FOR HUMANITY

5.0

以人为本的技术

[美] 菲利普·科特勒
Philip Kotler

[印度尼西亚] 陈就学
Hermawan Kartajaya

伊万·塞蒂亚万
Iwan Setiawan

著

曹虎 吴光权 等译

机械工业出版社
China Machine Press

图书在版编目（CIP）数据

营销革命 5.0：以人为本的技术 /（美）菲利普·科特勒（Philip Kotler），（印尼）陈就学（Hermawan Kartajaya），（印尼）伊万·塞蒂亚万（Iwan Setiawan）著；曹虎等译. 一北京：机械工业出版社，2022.8（2025.7 重印）
（科特勒新营销系列）
书名原文：Marketing 5.0: Technology for Humanity
ISBN 978-7-111-71337-1

I. ①营… II. ①菲… ②陈… ③伊… ④曹… III. ①市场营销学 IV. ①F713.50

中国版本图书馆 CIP 数据核字（2022）第 152863 号

北京市版权局著作权合同登记　图字：01-2022-1630 号。

Philip Kotler, Hermawan Kartajaya, Iwan Setiawan. Marketing 5.0: Technology for Humanity.
ISBN 978-1-119-66851-0

Copyright © 2021 by John Wiley & Sons, Inc..

This translation published under license. Authorized translation from the English language edition, Published by John Wiley & Sons. Simplified Chinese translation copyright © 2022 by China Machine Press.

No part of this book may be reproduced or transmitted in any form or by any means, electronic or mechanical, including photocopying, recording or any information storage and retrieval system, without permission, in writing, from the publisher. Copies of this book sold without a Wiley sticker on the cover are unauthorized and illegal.

All rights reserved.

本书中文简体字版由 John Wiley & Sons 公司授权机械工业出版社在全球独家出版发行。

未经出版者书面许可，不得以任何方式抄袭、复制或节录本书中的任何部分。

本书封底贴有 John Wiley & Sons 公司防伪标签，无标签者不得销售。

营销革命 5.0：以人为本的技术

出版发行：机械工业出版社（北京市西城区百万庄大街 22 号　邮政编码：100037）
责任编辑：刘　静　　　　　　　　　　　责任校对：薄萌钰　李　婷
印　　刷：北京机工印刷厂有限公司　　　版　　次：2025 年 7 月第 1 版第 8 次印刷
开　　本：170mm×230mm　1/16　　　　 印　　张：13.75
书　　号：ISBN 978-7-111-71337-1　　　 定　　价：69.00 元

客服电话：（010）88361066　68326294

版权所有·侵权必究
封底无防伪标均为盗版

营销的使命永远是改善人类的生活,促进公众利益的实现。

——菲利普·科特勒

致亚洲朋友,特别是来自亚洲市场营销联盟的兄弟姐妹。自1998年以来,MarkPlus营销公司有幸与菲利普·科特勒合作成立知识实验室,出版了很多书籍,包括"营销X.0"系列作品。

——陈就学

我的母亲辛塔和女儿凯芙琳在我写作本书期间先后去世,谨以此书献给她们。感谢我的家人,包括父亲塞蒂亚万、姐姐西斯卡、妻子露易丝和儿子乔文,谢谢你们的爱与支持。

——伊万·塞蒂亚万

MARKETING
5.0
译者序

从 2010 年的《营销革命 3.0：从产品到顾客，再到人文精神》到 2016 年的《营销革命 4.0：从传统到数字》，今天我们欣喜地迎来了《营销革命 5.0：以人为本的技术》！

为什么被誉为"现代营销学之父"的菲利普·科特勒先生的"营销 X.0"系列迭代如此之快？原因很简单，科特勒先生说："市场总是变化得比市场营销更快！"随着技术的进化，媒介环境和营销技术也在发生变化；顾客群体不断分化和更新换代，体现出不同的心理需求和行为特征，进而对品牌产生更多的差异化期待；宏观环境影响下的营商环境也在不断改变……因此，作为企业增长的原动力，营销自身也必须与时俱进，常变常新！

《营销革命 3.0：从产品到顾客，再到人文精神》讲述的是人文精神和价值观如何成为顾客价值的关键构成；《营销革命 4.0：从传统到数字》则关注企业如何通过数字营销提升顾客旅程体验，进而提升顾客忠诚度和终身价值；到了《营销革命 5.0：以人为本的技术》，科特勒先生讲述了在高度互联、数据爆发、人工智能等高新技术下沉到消费级市场之后，企业应该如何对营销效率和效能进行全方面提升的范式和案例。

科特勒先生认为，"营销5.0"不再是"营销4.0"时代以提升效率为核心的"数字化营销"，而是以"类人技术"赋能企业增长的"数智化营销"，这是一场深刻的"范式"革命！"营销5.0"涉及的技术超出了"营销技术（MarTech）"的范畴，而是企业级技术全栈；其涉及的企业活动和价值创造点也超越了传统营销职能和流程模式，转向以顾客价值为基础的增长为其终极目标！这本书是科特勒先生及其合著团队以全球前沿营销实践和研究为基础的一次范式创新，也是科特勒现代营销思想的最新演进。

在传统观念中，营销被认为是"广告＋促销"，以最终销售量的提升为目标；随着时代发展，有人认为营销是从目标市场的创造、沟通、传递，到最后交付顾客价值的流程；2019年，科特勒先生就在北京举办的"科特勒未来营销峰会"上提出了营销最本质的定义：营销是一系列驱动企业增长的商业准则。

今天的营销理论和营销实践都已经远超出了狭隘的传播和职能性的营销范畴，与企业的根本性使命挂钩。正如德鲁克先生所说，企业存在的唯一目的就是创造顾客。数智化重新定义了顾客和企业的连接方式，以及企业为顾客创造价值的模式和空间，它成为战略优势的新来源。因此，企业家也更需要一个全局性、结构性、以有机增长为导向的营销战略视角。

在多年的战略咨询实践中，我访谈了近两百家企业的创始人、CEO（首席执行官）和CMO（首席营销官）。我发现了一个有趣的现象：创始人和CEO通常认为CMO的表现不尽如人意。在企业中，CMO因为无法达到CEO心中的业绩目标，职业寿命常常只能维持在三年左右。

为什么会出现这种现象？因为CEO对CMO寄予厚望，他们希望CMO能够给企业带来创新的模式和真实的增长。但遗憾的是，很多CMO在实际工作中依旧采用传统的营销理念和营销方式，导致其带领下的营销团队过于部门化和职能化，使其退化成为一个辅助部门或成本中心，根本无法承担起企业增长的重任。

所以，我们今天谈及营销，不可避免的是要直面营销的三大困境：

1. 营销过于部门化和职能化；
2. 营销过度依赖短期战术手段；
3. 营销无法直接驱动业绩增长。

对CMO来说，未来的增长带有太多的不确定性，在无从把握的情况下，自然会选择最方便、最容易被衡量的短期增长作为权宜之计。这也就直接导致了第三重困境——无法直接驱动业绩增长。

回顾各大企业的发展历史就能发现：企业经营想要跨上一个新的台阶，常常受制于变革举措能否成功，以及其部门伟大创举背后采用的管理范式。

比如，运营部门创造的全面质量管理（Total Quality Management，TQM）和业务流程重组（Business Process Reengineering，BPR），财务部门创造的经济附加值法（EVA）和平衡计分卡（Balanced Score Card）等，都是在企业发展迭代中具有分水岭意义的。

一百年前，营销人提出了"品牌"的概念，这无疑是重大的贡献。但让人失望的是，时隔一百年，"营销"没有再带来让企业获得新的有机增长的任何革命性的范式！所以，我们更希望：在数智时代，营销能够重拾它在企业董事会中的领导者地位，打造以营销为核心的增长。

正是出于这样的期待，《营销革命5.0：以人为本的技术》应运而生，希望能给企业带来更多启发。在科特勒先生的定义中，"营销5.0"深度整合了"以人为本"的技术，在顾客旅途中去创造、传播、交付和提升顾客价值，通过技术来提升营销工作者的效率和效能，从而驱动企业增长。

限于篇幅，本书对营销5.0需要匹配的组织变革提及不多，但是我认为，数智时代最难的也是极具价值的"升级"就是组织升级和企业能力升级。数智化绝对不仅仅是降本增效的一个工具，它是范式转移！它从根本上改变了企业获得竞争优势的路径。

我补充总结了企业数智化营销的八个核心能力，概括了从增长战略到品牌建设，再到新产品营销以及顾客经营等一系列需要企业家时刻关注和不断提升的能力：

1. 战略洞察与创新模式能力；
2. 品牌定义与全域沟通的能力；
3. 市场深度感知和动态市场细分的能力；
4. 价值创造和定价能力；
5. 从渠道到场景的管理能力；
6. 顾客全路径数智化营销能力；
7. 商业价值实现的能力；

8. 构建增长引擎和增长地图的能力。

随之而来的是，企业中营销扮演的角色也要发生变化。营销不仅是一个执行者，更是发现者、构建者、整合者。

更进一步看，企业要升级为"以顾客价值为中心的增长型组织"，就必须清晰回答以下六个关键议题：

- 企业是否拥有"以顾客为中心"的营销增长战略？
- 企业的流程是否使营销战略运转更顺畅？
- 企业是否围绕顾客最具价值的需求进行组织？
- 企业是否拥有"以顾客为中心"的文化？
- 企业是否投资于营销增长能力建设？
- 企业是否给营销分配了足够的资源？

菲利普·科特勒先生在每次演讲结束时都会对大家说："五年内，如果你还在按照一样的模式做一样的生意，那么你就快要关门歇业了。"我认为，现在这句话可能要改一下，应该是："三年内，如果你还在按照一样的模式做一样的生意，那么你就快要关门歇业了。"因为在高速变化的市场下，企业发展黄金机遇期可能只有三年。在三年内，我们必须要加速学习和转变，才能迎接不断涌现的新挑战。

毫无疑问，我们每一代人都有自己的挑战、危机、迷茫和希望。我们正处于一个历史大分化的路口。有一句谚语说得很好：当风暴来临的时候，大多数人在修墙，而智者却在造风车！亲爱的读者，愿你能成为大时代的智者，拥抱数智化的完美风暴：矢志不渝造风车，御风而起会有时！

最后，非常感谢我的合译者吴光权先生对本书的贡献。吴光权先生曾是千亿级企业的掌舵人，也是科特勒先生十多年的老朋友。他的商业智慧和实践经验让本书的翻译增色不少！同时，我也要感谢机械工业出版社的编辑刘静女士、崔晨芳女士对本书出版的指导和贡献，以及科特勒咨询集团中国公司的周再宇女士在本书翻译过程中提供的帮助！

曹虎

科特勒咨询集团（KMG）全球合伙人，中国区总裁

MARKETING 5.0
致 谢

本书作者要感谢 MarkPlus 营销公司管理层，他们为本书的写作提供了重要的思想基础，其中包括 Michael Hermawan、Jacky Mussry、Taufik、Vivie Jericho、Ence、Estania Rimadini、Yosanova Savitry 和 Edwin Hardi 等人。

特别感谢 Wiley 出版社的 Richard Narramore，"营销 X.0"系列图书的出版离不开他的远见和一直以来的支持。同样要感谢 Wiley 出版社的各位编辑，包括 Deborah Schindlar、Victoria Anllo 和 Linda Brandon，感谢他们为本书出版做出的辛勤工作。

MARKETING 5.0
目　录

译者序

致谢

第一篇　引子

第一章　欢迎进入营销 5.0 时代
　　——以人为本的技术时代 / 2

营销 4.0：数字化转型时代 / 3

营销 5.0 时代来了 / 4

什么是营销 5.0 / 6

如何使用技术手段推动营销工作 / 10

营销 5.0 的五大构成要素 / 12

小结：以人为本的技术时代 / 15

第二篇　数字化时代营销人员面对的新挑战

第二章　消费者代沟：
　　针对不同世代人群的营销 / 18

服务不同世代消费者的挑战 / 19

五个不同的消费世代 / 20

五个消费世代的人生发展阶段 / 28

代沟和营销演化 / 30

小结：针对不同世代人群的营销 / 34

第三章　贫富两极化：

打造具有包容性和可持续性的社会 / 35

不断分化的社会 / 37

包容性和可持续性的重要意义 / 43

企业战略和可持续发展目标的统一 / 47

小结：打造具有包容性和可持续性的社会 / 50

第四章　数字鸿沟：

实现技术应用的个性化、社会化和体验化 / 52

数字鸿沟依然存在 / 53

数字化的风险和机遇 / 56

技术应用的个性化 / 62

技术应用的社会化 / 64

技术应用的体验化 / 67

小结：实现技术应用的个性化、社会化和体验化 / 69

第三篇　数字化营销时代的新战略

第五章　做好数字化准备的企业：

企业数字化没有"一刀切"方案 / 72

案例研究：新冠肺炎疫情对数字化的加速作用 / 73

数字化程度评估 / 75

你所在的公司数字化程度如何？/ 81

推动消费者数字化转型的策略 / 83

打造企业数字化经营能力的策略 / 84

强化数字化领导力的策略 / 86

小结：企业数字化没有"一刀切"方案 / 88

第六章　下一代技术：
类人技术成为大势所趋 / 90

下一代技术应用的崛起 / 91

下一代技术在企业中的应用前景 / 94

小结：类人技术成为大势所趋 / 107

第七章　消费者新体验：
机器有效率，人性有温度 / 109

在数字化世界重构消费者体验 / 110

触点跟踪：5A 模型 / 112

消费者新体验中的人机差异 / 114

利用下一代技术开发消费者新体验：准备清单 / 121

小结：机器有效率，人性有温度 / 129

第四篇　应用营销技术的新战术

第八章　数据驱动型营销：
开发数据生态环境，实现精准营销定位 / 132

单一客户市场细分 / 133

设计数据驱动型营销 / 138

小结：开发数据生态环境，实现精准营销定位 / 144

第九章　预测性营销：

主动预测市场需求 / 146

预测性营销的应用 / 148

建立预测性营销模型 / 154

小结：主动预测市场需求 / 159

第十章　情境化营销：

打造个性化感知–响应体验 / 161

开发智能感应基础设施 / 162

提供三层式个性化体验 / 170

小结：打造个性化感知–响应体验 / 173

第十一章　增强现实营销：

开发技术增强型人际互动 / 175

开发分层式消费者界面 / 177

为一线服务人员提供数字化工具 / 183

小结：开发技术增强型人际互动 / 186

第十二章　敏捷营销：

既快又好地实施营销活动 / 188

为什么需要敏捷营销 / 189

如何开发敏捷营销 / 191

敏捷营销项目管理 / 200

小结：既快又好地实施营销活动 / 202

MARKETING 5.0

PART 1
第一篇

引 子

MARKETING
5.0
第一章

欢迎进入营销 5.0 时代
——以人为本的技术时代

2009 年，我们写作了这套系列作品的第一部——《营销革命 3.0：从产品到顾客，再到人文精神》，在全球被翻译成 27 种语言出版。如同副书名所示，它揭示了营销从产品驱动型营销（1.0）到面向顾客型营销（2.0），再到人文精神营销（3.0）的转变。

在营销 3.0 时代，顾客在消费过程中不但希望获得实用的产品功能和情感慰藉，还希望所选择的品牌能带来精神上的满足。这些目标成为企业实现品牌价值差异的根本。企业的产品和经营不但要创造利润，还要为全球棘手的社会问题和环境问题提供解决方案。

营销从产品定位理念到以人为本理念的演变，大约经历了 70

年的时间。在这几十年的演变中，一些营销概念并没有随着时间的流逝而过时。例如市场细分、目标市场选择、产品定位（STP理论），以及产品、价格、渠道、推广（4P模型），虽然从本质上来说属于"传统"概念，但在全球范围内依然是现代营销人员遵循的基本原理。

我们认为营销3.0标志着传统营销的顶点，它实现了在理性层面（1.0阶段）、情感层面（2.0阶段）和精神层面（3.0阶段）的全面搭建。《营销革命3.0：从产品到顾客，再到人文精神》这本书虽然出版已有十多个年头，但在当今这个Y世代和Z世代成为主流消费群体的时代，这本书的意义却更加突出。年轻一代消费者对社会的真诚关心，从根本上迫使企业采用具有社会影响力的商业模式。

营销4.0：数字化转型时代

2016年，在写作本系列第二部作品《营销革命4.0：从传统到数字》时，正如副书名所示，我们转向了"数字化"。这本书强调了数字时代营销方式和数字化营销之间的区别。数字时代的营销并不局限于数字化媒体和渠道。由于数字鸿沟的存在，营销活动必须是全渠道模式，即综合了线上和线下的营销。这一理念部分源自"工业4.0"概念，这是德国推出的一项高级发展战略，强调在制造业领域实现实体化和数字化应用的结合。

尽管《营销革命4.0：从传统到数字》涉及的技术应用还比较初级，但书中介绍了在现实和数字混合模式下服务顾客的新式营框架，并以此方式强化顾客在每个消费触点的新体验。截至2020年底，这本书在全球已经被翻译成24种语言出版，促使很多企业开始在营销活动中采用数字化的基本形式。

营销技术的应用并不是在社交媒体上发布内容或是打造全渠道触点那么简单，人工智能、自然语言处理、传感技术以及物联网应用将来极有可能改变营销的游戏规则。

在写作《营销革命4.0：从传统到数字》时，我们并没有谈及当时这些尚未成为主流的技术应用，认为营销人员仍处于数字化转型的过渡期和适应阶段。但是新冠肺炎疫情的大暴发改变了这一现实，极大地加速了企业的数字化转型进程。随着严格的隔离政策和保持社交距离等新情况的出现，市场和营销人员都必须全面适应以非接触式为特征的数字化新现实。

正是由于这个契机，我们决定推出《营销革命5.0：以人为本的技术》。面对当前形势，企业必须在营销战略、战术和经营过程中全面发挥先进技术的重要作用。本书的理念部分源自"社会5.0"概念，这是日本政府提出的一项超级智能社会计划，旨在利用智能技术推动可持续型社会的发展。我们非常认同利用技术力量改善人类生活状态的观点，因此营销5.0是兼具了营销3.0人文精神要素和营销4.0技术赋能的更为更进一步的营销框架。

营销5.0时代来了

营销5.0是在消费者代沟、贫富两极化和数字鸿沟这三大社会问题的背景下出现的。人类社会有史以来第一次出现五个世代的消费者共存的局面，他们有着高度迥异的价值观、消费偏好和行为习惯。目前，婴儿潮一代⊖和X世代⊜在企业中占据大多数领导岗位，具有最高的相对购买力。与此同时，熟谙数字化技术的Y世代⊜和Z世代⊕在市场中形成了最大的劳动力群体和消费群体。年长的负责决策的企业高管和年轻的部门经理和消费者之间的这种脱节，为企业营销带来了很大的障碍。

除此之外，营销人员还要面对长期收入不均和财富分配失衡问题导致的市场两极化。享受高收入的顶级阶层在不断扩大，推动了奢侈品市场的增长。处于收入金字塔底部的阶层也在不断扩大，形成了对低价格的高性价比产品的大众市场需求。与此同时，处于市场中部的阶层不断缩小甚至消失，迫使企业向奢侈品市场或大众市场经营以求得生存。

另外，营销人员还必须解决对数字化前景持有不同观点的消费者之间的数字鸿沟问题。数字化一方面会使人们陷入失业、个人隐私被侵犯等方面的未知恐慌中。另一方面，数字化可以推动经济发展的指数级增长和人类生活水平的全面提高。企业必须弥补这一认识鸿沟，确保技术进步会不断造福人类而不是引起不满。营销人员在数字化时代实施营销5.0框架时需要面对的上述挑战是本书第二篇（第二至四章）即将讨论的问题。

⊖ 婴儿潮一代（Baby boomers），指1946～1964年出生的人。——译者注
⊜ X世代（Generation X）指1965～1980年出生的人。——译者注
⊜ Y世代（Generation Y），又称为千禧一代，指1981～1996年出生的人。——译者注
⊕ Z世代（Generation Z）指1997～2009年出生的人。——译者注

什么是营销5.0

营销5.0的定义是应用类人技术在整个消费者体验过程中创造、传播、交付和提高价值的活动。下一代技术是营销5.0概念中的一个重要主题，指的是用于模仿营销人员行为能力的一组技术，具体包括人工智能、自然语言处理、传感器、机器人、增强现实（AR）、虚拟现实（VR）、物联网和区块链等技术。这些技术的组合可以有效推动营销5.0的实现。

多年来，人工智能技术开发一直在模仿人类的认知能力，特别是对非结构化用户数据的学习能力，以便从中发现营销人员所需的重要市场信息。结合其他相关技术，人工智能还可以为不同的消费者提供合适的产品选择。大数据分析技术能帮助营销人员针对每一个消费者进行个性化营销，实现"单一客户市场细分"。目前，这种营销方式正在日益成为主流。

我们可以用一个例子对营销5.0进行说明。在人工智能机器学习的帮助下，企业可以利用预测算法预测具备某些特征的新产品能否在市场上取得成功。这样一来，营销人员可以跳过新产品开发过程中的很多步骤。大多数情况下，这些预测结论要比传统的回顾式市场调查更为准确，形成反馈的速度比旷日持久的概念测试快得多。例如，通过深度分析消费者在社交媒体上的对话内容，百事可乐公司可以定期推出最受顾客喜爱的饮料产品。

人工智能有助于揭示购物者的消费模式，帮助电子零售商针对不同特征的消费者群体推荐合适的产品和营销内容。目前，很多电子商务企业和经营数字化业务的公司，如亚马逊、网飞和

YouTube都非常重视推荐引擎的应用。通过对消费者历史行为的不断分析，这些企业可以对用户进行动态细分和特征描述，在看似毫无关联的产品之间发现隐藏的关系，从而推动追加销售和交叉销售业务。

来自不同行业的企业，如百威英博（AB InDev）、大通银行和雷克萨斯汽车，使用人工智能技术开发广告，在最大限度上避免了人工的干预。作为百威和科罗娜等啤酒品牌的经营商，百威英博公司通过监测广告版位变化和受众的不同反馈来了解广告效果，在此基础上帮助开发团队设计出更具创意的广告。大通银行使用人工智能引擎为数字化广告开发文案内容，取代了传统的人工写作方式。通过对过去15年的获奖广告（特别是针对奢侈品市场的广告）进行分析，雷克萨斯公司为其新推出的ES系列车型设计了全新的电视广告。这条广告的脚本完全通过人工智能设计，还邀请了奥斯卡获奖导演进行拍摄。

营销5.0的应用并不局限于企业后端的业务。通过结合自然语言处理、传感器和机器人等技术，人工智能还能帮助营销人员更好地实施客服活动。客服机器人的出现是目前非常常见的一种应用方式。面对老龄化社会和人工成本上涨等人力资源问题，一些企业开始使用机器人或其他自动化方式取代一线服务人员。例如，雀巢日本公司使用人工智能型机器人为顾客准备咖啡，美国希尔顿酒店尝试推出机器人礼宾员，英国乐购超市准备用面部识别技术取代人工收银。

在传感器和物联网的帮助下，零售企业可以在实体经营场所复制数字化消费体验。例如，超市安装的面部探测设备可以分析顾客的人口特征，自动为其展示相关的产品信息，沃尔格林超市的数字化冰柜就是很好的例子。像丝芙兰和宜家使用的增强现实应用，可以让购物者在决定购买之前对产品进行虚拟体验。梅西百货和塔吉特超市通过应用传感技术，在店内为顾客提供方向指引服务和有针对性的促销活动。

上面提到的技术应用对一些营销人员来说或许有些不切实际，甚至有些令人生畏。实际上，这些应用近年来正变得日益普及，使用成本和技术门槛都变得越来越低。谷歌和微软提供的开源式人工智能平台已经向所有企业开放，企业可通过按月付费的方式使用云服务提供的众多数据分析功能。此外，营销人员还可以选择各种易于操作的聊天机器人平台，就连非技术人员也能轻松掌握。

我们对营销 5.0 的分析是从高级战略角度出发的。我们会对先进的营销技术使用方式略做说明，但技术讨论并不是本书的重点。我们认为技术应用必须服从于战略目标的要求。因此，营销 5.0 涉及的概念和具体技术手段是无关的。企业可以使用市场上任意一种软件或硬件来实现营销目标，问题的关键是企业必须具备深思熟虑的营销人员，懂得如何制定有效战略，使用正确的技术实现多样的营销目标。

尽管书中对技术应用有较为深入的讨论，需要注意的是以人为本依然是营销 5.0 的核心。下一代技术的应用目标，是要帮助营销人员在整个消费者体验过程中更好地创造、传播、交付和提高价值。换言之，是为了打造毫无摩擦且充满吸引力的消费者新体验

（见图1-1）。为实现这个目标，企业必须在人工服务和计算机智能之间建立平衡的共生状态。

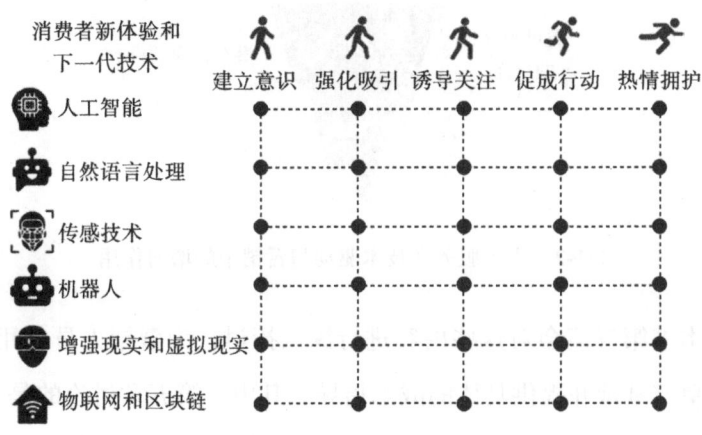

图1-1　下一代技术在消费者新体验中的应用

人工智能虽然有能力在海量数据中发现未知的消费者行为模式，但无论功能多么强大，机器对人类的理解永远比不上人类。因此，我们仍需要营销人员对消费者行为的潜在动机进行过滤和解读（见图1-2）。这是因为人类智力具有高度情境化和模糊性的特征，没人真正了解经验丰富的营销人员是怎样总结市场反馈和形成营销判断的。技术专家目前还无法设计出能够达到和消费者进行真人级别互动的智能设备。

我们无法教计算机学习人类无法学习的东西，因此营销人员在营销5.0框架中仍具有非常重要的作用。鉴于此，本书关于营销5.0的核心内容是要说明在顾客的整个消费过程中，机器和人工服务分别适用于哪些触点，怎样优化才能创造最大的价值。

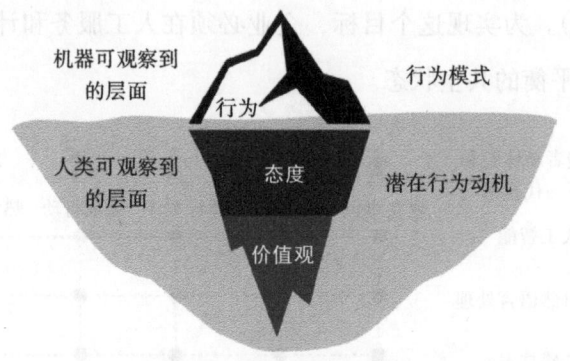

图 1-2 人工服务在技术驱动型营销中的增值作用

本书第三篇会对这些内容进行深入探讨，为营销人员应用 5.0 框架奠定基础并提供具体的战术指导。其中，第五章讨论的是企业在数字化技术应用方面的准备程度评估；第六章对下一代技术进行了介绍，便于营销人员理解和使用；第七章通过分析具体使用案例，介绍了下一代技术如何在开发消费者新体验过程中加以应用。

如何使用技术手段推动营销工作

社交媒体营销和搜索引擎营销的兴起，以及电子商务的指数级增长，向营销人员充分展示了数字化的优势。实际上，数字化时代的营销并不局限于把顾客迁移到数字化渠道，或是在开发数字化媒体上投入更多。数字化技术甚至可以颠覆营销人员的传统营销方式。具体来说，技术手段可以通过以下五种方式推动营销活动。

1. 以大数据为基础做出更合理的决策

大数据是数字化时代最大的副产品。在数字化背景下，每一个消费触点的数据都会被记录下来，如交易信息、呼叫中心查询内容和邮件往来。此外，消费者每次浏览互联网以及在社交媒体发帖时也会留下足迹。抛开隐私问题不谈，这些都是可供营销人员研究的重要数据。掌握大量信息之后，营销人员可以把用户描述详细到个体级别，从而实现规模化的一对一营销。

2. 预测营销战略、战术的实施成果

任何营销投资都不是万无一失的，对每一个营销步骤进行回报率分析有助于提高营销活动的成功率。在人工智能分析系统的帮助下，现在营销人员可以在新产品或新活动发布之前对效果进行预测。预测分析模型的目标是从以前的营销活动中发现隐藏的模式，了解哪些做法切实可行，然后在此基础上为未来营销计划推荐优化方案。它能帮助营销人员始终领先营销曲线一步，避免品牌营销出现失败。

3. 在实体经营中引入情境化数字体验

通过跟踪互联网用户，数字化营销人员可以提供高度情境化的消费体验，如个性化访问页面、相关广告和定制内容。相对于传统的实体经营企业，以数字业务为主的企业会形成很大的竞争优势。如今高度互联的设备和传感设备，即物联网，可以帮助企业在实体经营场所打造情境化触点，通过提供无缝衔接的全渠道体验的方式追赶数字化竞争对手。传感设备的使用可以帮助营销人员了解入店的顾客，为其提供个性化服务。

4. 增强一线营销人员交付价值的能力

营销人员不必陷入机器还是人工服务之争，而应关注如何在数字化技术应用和人工服务之间建立更为优化的共生系统。人工智能和自然语言处理技术可以极大地提高客服业务的工作效率，取代低价值的人工操作，帮助一线工作人员调整他们的工作方式。聊天机器人可以处理大量简单对话，对顾客做出快速响应。增强现实和虚拟现实技术无需过多人工参与，即可为消费者提供难忘的产品体验。在这些技术的帮助下，一线营销人员可以节省大量的时间和精力，关注如何为高价值顾客提供高质量的社交互动。

5. 加速营销实施过程

今天的消费者时刻在线，他们的喜好也在随时发生变化，这为企业盈利带来了很大的压力。为应对这一挑战，企业可以借鉴精益型初创公司的敏捷经营方式。这些初创公司高度依赖技术手段，以进行快速的市场测试和实时验证。它们的产品开发和营销活动并不是从头开始的，而是依靠开源平台和共创方式缩短产品进入市场的周期。然而，这种开发方式不但需要技术支持，还需要企业具备敏捷开发的态度和思维方式。

营销5.0的五大构成要素

总而言之，技术可以使营销活动呈现出数据驱动性、预测性、情境化、增强现实性和敏捷性等新特征。根据新技术为营销活动增值的不同方式，我们认为营销5.0框架具备五个基本要素。营销5.0框架的核心是三种相互关联的技术应用方向，即预测性营销、情境化营销和增强现实营销。这些应用的基础是两大构成要素——数据驱动型营销和敏捷营销（见图1-3）。本书第四篇会对营销5.0框架的五大构成要素进行详细说明。

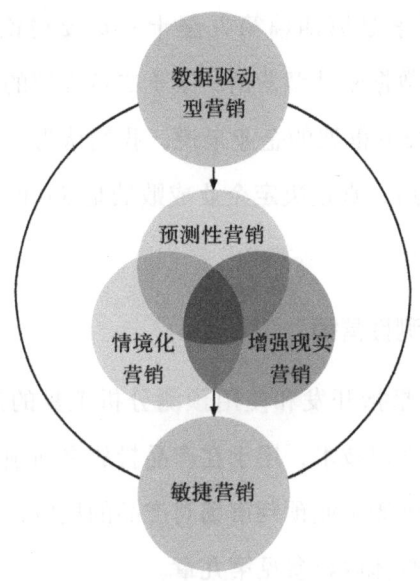

图 1-3　营销 5.0 的五大构成要素

要素一：数据驱动型营销

数据驱动型营销是指从内部和外部的不同渠道对大数据进行搜集和分析，以及开发数据生态系统以优化营销决策的行为。数据驱动型营销是营销 5.0 框架的第一个要素，即每一个决策都必须有足够的数据作为支持。

要素二：敏捷营销

敏捷营销是指利用分布式、跨职能团队对产品开发和营销活动进行快速构思、设计、开发和验证的活动。面对不断变化的市场，企业要想成功应用营销 5.0 框架必须把敏捷性作为必不可少的构成要素。

其他三个要素是第四篇第九至十一章要讨论的内容。此外，第八章介绍的是数据驱动型营销，第十二章介绍的是敏捷营销。对于希望应用营销5.0框架的企业来说，我们认为首先要开发的是数据驱动能力。最后，真正决定企业成败的是5.0框架的执行是否足够敏捷。

应用一：预测性营销

预测性营销是指开发和使用预测分析工具的过程，这一过程有时会涉及机器学习技术，用于在产品投放之前预测营销活动的效果。这一应用有助于企业预判市场对产品的反应，从而对开发过程做出主动改善。具体内容参见第九章。

应用二：情境化营销

情境化营销是指通过在实体经营场所利用传感器和数字化界面，对消费者进行识别和描述，以及为其提供个性化互动的行为。这是一项非常关键的应用，有助于营销人员根据消费者的具体情况以实时方式开展一对一营销活动。具体内容参见第十章。

应用三：增强现实营销

增强现实营销可利用数字化技术提高客服营销人员的生产效率，其中涉及的类人技术包括聊天机器人和虚拟助理。这项应用可以帮助营销人员既能实现在数字化界面快速便利的服务，又能提供人工服务的温暖关怀。具体内容参见第十一章。

上述三种应用是相互联系而不是彼此孤立的。例如，某公司开发了一款预测性营销模型,可预测具备特定人口特征的消费者会购买哪些产品。为支持模型的工作,公司必须在电子收银系统中安装各种传感设备,包括在数字化自助服务亭安装面部识别摄像机。当具备特定人口特征的消费者靠近服务亭时,摄像机会受到触发并向显示屏发送指令,显示预测模型推荐的符合现场情境的产品广告内容。此外,消费者也可以以个性化方式使用数字化界面。与此同时,公司还配备了一线客服人员,这些人员配有预测模型等数字化工具,当用户的自助服务不理想时可以为他们提供增强型的人工服务。

小 结:
以人为本的技术时代

营销 5.0 是建立在营销 3.0 的人本主义和营销 4.0 的技术威力的基础上的,其定义是在顾客的整个消费体验中使用类人技术创造、传播、交付和提高价值。营销 5.0 框架的实施,首先要描述整个消费者体验历程,从中发现营销技术可以实现增值,以及改善人工服务的环节。

应用营销 5.0 框架的企业必须从开发数据驱动能力做起。打造数据生态系统是实施营销 5.0 应用的先决条件。它能帮助营销人员开展预测性营销,评估每一次营销投入的潜在回报。此外,它还能帮助营销人员为每一位顾客提供个性化和情境化的营销。最后,增强现实营销可以帮助一线营销人员为消费者设计流畅的互动界面。所有这些实施要素都需要企业具备敏捷性,只有这样才能对市场变化做出实时响应。

思考问题

1. 你所在的公司在数字化技术应用方面是否已超越社交媒体营销和电子商务?
2. 你认为哪些先进技术可以为企业带来价值?

PART 2
第二篇

数字化时代营销人员面对的新挑战

MARKETING

5.0
第二章

消费者代沟：
针对不同世代人群的营销

  一位 25 岁的营销助理接到上级的任务，针对千禧一代消费者为某产品设计一份印刷广告。经过和潜在顾客沟通之后，她设计出一份精美的广告，广告中有醒目的图片和简单的文案，后面附有网站链接吸引消费者访问。然而没想到的是，她的上司，50 岁的营销经理认为广告缺少产品特征、优势以及用户收益等细节内容。这位助理觉得经理根本不懂面向千禧一代营销的极简主义风格，于是辞掉了工作。讽刺的是，这番举动加深了经理的固有认知：年轻人不能接受批评。

  当前，很多企业都存在这种代际差异现象。世界各地的营销人员都在面对如何向五个不同世代成功营销的难题。这五个不同世代分别是婴儿潮世代、X世代、Y世代、Z世代和阿尔法世代㊀，其中前四个世代构成了全部的劳动人口。大部分婴儿潮世代仍然在工作，X世代在全球范围内占据了大部分管理岗位，Y世代是目前最大的劳动力群体，Z世代则刚刚进入职场。显然，这些不同世代的人具有不同的技术应用水平。透过代际差异观察市场有助于营销人员理解怎样更好地实施以技术驱动为特征的营销5.0框架。

服务不同世代消费者的挑战

每一代人都有不同的社会文化背景和不同的生活经历。以X世代为例，这一代人不是处于离异家庭就是生活在双职工家庭，他们在成长过程中接受的养育最少。X世代是看着音乐电视（MTV）长大的一代，成年后的他们要比其他世代更重视生活和工作之间的平衡，更为独立也更具创意。成年后，X世代经历了互联网从无到有的世界变化，对传统工作环境和数字化时代都能很好地适应。

每一代人对产品和服务都有不同的偏好和态度，这就促使营销人员必须开发和营造不同的产品、消费者体验，甚至是商业模式。以Y世代为例，这一代人更喜欢体验产品而不是拥有产品，比方说喜欢打车而不是买车。这一偏好导致各种按需服务大量出现，商业模式也从销售产品变成了销售订阅服务。例如，Y世代更喜欢到Spotify音乐平台享受流媒体音乐，而不是去店里购买唱片。

就算意识到不同的世代有不同的消费需求，大多数企业也很

㊀ 阿尔法世代（Generation Alpha），指2010～2025年出生的人。——译者注

难为满足所有世代的需要做出良好的定位。很多企业通常只有有限的几种产品和服务，根本无法实现针对每一个世代的定制化服务，充其量只能同时服务2~3个世代的消费者。另外，年轻一代消费者时刻变化的需求也为企业带来了新的挑战，使它们不得不努力适应不断缩短的产品生命周期。汽车、电子、高科技、消费包装品和时尚等行业的许多公司，都感受到了快速开发新产品以及产品盈利周期日益缩短的压力。

选择目标市场也是一个难题，一方面，掌握社会资源且购买意愿强烈的婴儿潮世代和X世代为企业贡献了最大的品牌价值；另一方面，很多新的品牌在Y世代和Z世代新潮的观念和对技术的了解下应运而生。最重要的是，Y世代和Z世代开始在很多消费决策中影响作为他们父母的婴儿潮世代和X世代。面对这些变化，企业必须在两个目标之间建立平衡，既要实现当前品牌价值创造的最大化，又要准备好品牌的未来定位。

五个不同的消费世代

我们认为每一个消费者都是独特的，在技术手段的帮助下最终会实现一对一营销的目标，即在个体层面实现产品和服务的定制化和个性化。未来，营销人员要面对的是单一客户细分市场，每一个市场都有一套独特的偏好和行为模式。尽管如此，分析主流市场营销变化的整体动向对企业仍具有指导意义。了解市场整体人口特征的变化有助于对营销的方向从根本上进行预测。

消费世代分析是大众市场细分的一种常见方式，其假设前提是在同一个时期内出生和长大的人群会经历相同的重大历史事件。因此，他们会具备相同的社会文化经历，更容易形成相似的价值观、生活态度和行为模式。目前，消费者市场中出现了五个世代共存的局面，他们分别是婴儿潮世代、X世代、Y世代、Z世代和阿尔法世代（见图 2-1）。

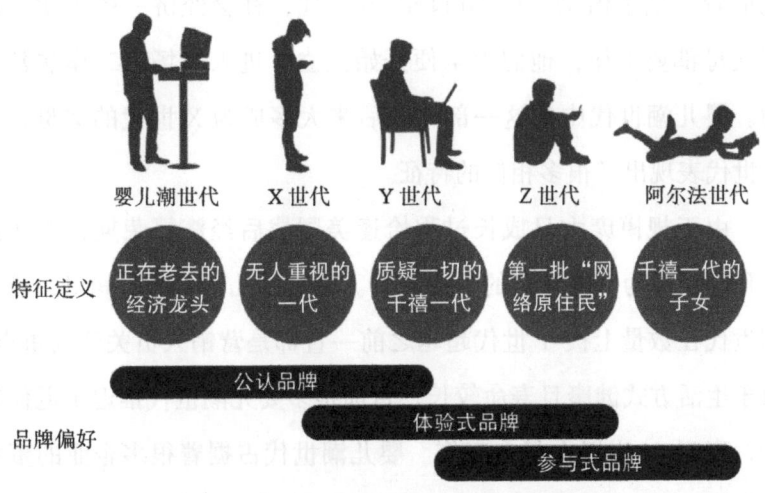

图 2-1　五个不同世代及其不同的品牌偏好

婴儿潮世代：正在老去的经济龙头

婴儿潮世代是指出生在 1946～1964 年的一代。这个说法源自第二次世界大战结束后包括美国在内的世界各地出现的生育率升高的现象。随着战后和平局面和经济复苏的出现，很多夫妻决定多要孩子，在此期间出生的一代人成了当时营销人员最主要的目标市场。

那些出生较早，在迅速发展的 20 世纪 60 年代进入青春期的婴儿潮世代，其家庭条件比较富裕。这些青少年在当时经历了十年的社会政治动荡，因此，在美国和其他西方国家中，这一代人经常和反文化运动联系在一起。当时的社会出现了很多非主流观念，如社会行动主义、环保主义和嬉皮士生活方式。电视、广告以及新浪潮主义的出现，使这些反文化运动的影响得到了进一步放大。

出生较晚的婴儿潮世代（又称"琼斯一代"）则有所不同，他们的青春期正值动荡的20世纪70年代，社会经济一落千丈。由于父母都要工作，他们很早便开始独立，进入职场后工作非常努力。婴儿潮世代中的这一部分人后来大多成为X世代的父母，与X世代表现出了很多相似的特征。

由于规模庞大且成长过程恰逢美国战后经济繁荣期，婴儿潮世代已经成为一支重要的经济力量。在长达几十年的时间里，婴儿潮世代在数量上被Y世代超越之前一直都是营销人员关注的重点。由于生活方式健康且寿命较长，目前很多婴儿潮世代推迟了退休年龄，直到65岁以上仍在工作。婴儿潮世代占据着很多企业的董事长职位，年轻一代经常批评他们抱残守缺，不愿接受新的技术和先进的管理思想。

X世代：无人重视的一代

X世代是指在1965～1980年出生的一代。作为夹在久负盛名的婴儿潮世代和Y世代之间的一代，X世代显得有些默默无闻，没有受到营销人员的过多关注，因此被称为"无人重视的一代"。

X世代的童年和青春期经历了动荡的70年代和充满不确定性的80年代，直到进入职场，经济环境才开始改善。亲朋好友在X

世代成长过程中非常重要。由于在双职工或单亲家庭中长大，X世代的童年时代没有多少时间和家人相聚，更多的是和朋友玩耍。X世代之间强烈的伙伴关系在20世纪90年代的热门电视剧中随处可见，如《飞越比弗利》(*Beverly Hills 90210*)和《老友记》。

作为被忽略的一代，X世代经历了重大的消费技术变化，促使他们呈现出高度适应的特征。X世代在年轻时看音乐电视，听随身听；成年后开始使用CD唱片、MP3播放器和音频流欣赏音乐。他们见证了DVD影碟租赁的崛起和衰败，一直到后来视频流媒体的出现。最重要的是，在他们进入职场时互联网开始发展，X世代成为最早使用互联网的一代。

尽管未曾受到营销人员的关注，X世代目前已成为职场中最具影响力的一代人。拥有平均20年的工作经验和良好的职业道德，X世代开始在很多企业中进入管理层。面对婴儿潮世代的延迟退休，很多在企业内部感到升迁无望的X世代选择在40多岁离开职场创业并成为成功的企业家。

Y世代：质疑一切的千禧一代

Y世代是指出生于1981～1996年的一代，是近几十年来争议最多的一代人。作为迎接新千禧年的一代，他们也被称为千禧一代。在Y世代生育高峰期出生的这一代人，大部分是婴儿潮世代的子女，因此也有人称他们是潮世代。总体来说，Y世代普遍受过较好的教育，比之前的世代更具文化多样性。

Y世代是第一个和社交媒体应用密切关联的世代。和X世代出于工作原因使用互联网不同，Y世代从很小的年纪就开始使用互联网，很早便熟悉社交媒体以及其他为个人目的服务的互联网技术应用。

Y世代在社交媒体上乐于表达自己的看法，经常和同龄人进行对比，认为有必要获得同龄人的认可和支持。受此影响，Y世代非常在意同龄人的看法和消费行为，他们对同龄人的信任超过对公认品牌的信任。Y世代经常在网上了解和购买产品，这些操作主要在手机上完成。和婴儿潮世代、X世代喜欢购买和拥有产品不同，Y世代更喜欢体验产品而不是拥有产品。他们并不重视财富和资产的积累，而是更强调生活经历的积累。

由于具备较高的教育水平、多样化特征和生活物质方面的满足，Y世代普遍思想开放且心怀理想。Y世代喜欢质疑一切，经常会在职场和上级发生矛盾，而上级会觉得他们不愿遵守制度规定。

和他们出生于婴儿潮时期的父母类似，千禧一代也存在两个不同的子世代。"80后"在2008年全球金融危机前后进入职场，经历了艰难的生存和奋斗。其中一部分人最终成立了自己的企业。这些人在工作中非常拼命，但是会把个人生活和职业工作分得很清楚。相比之下，出生在20世纪90年代的人进入职场时比较顺利，个人生活和职业工作的界限并不分明。换句话说，他们只愿意干自己喜欢的、能够带来满足感的工作。

对于这两个子世代，前者也被称为"桥世代"，因为他们和X世代一样既能适应数字化生活也能适应实体化生活。后者其实更接近Z世代，他们都在很小的年纪就开始熟悉互联网，生下来就认为数字化世界是现实世界的无缝延伸。

Z世代：第一批"网络原住民"

Z世代如今正日益受到营销人员的关注。作为X世代的子女，Z世代（又称世纪代）是指在1997～2009年出生的一代。很多Z世代见证了父母和哥哥姐姐挣钱的艰辛，因此要比Y世代更关心财务问题。他们会努力存钱，把经济稳定视为职业选择的一个重要因素。

出生在互联网成为人类生活主流的时代，Z世代被认为是第一批"网络原住民"。由于未曾经历过没有互联网的生活，数字化技术在Z世代的日常生活中不可或缺。这一代人时刻通过移动设备与互联网连通，无论学习、了解信息、购物还是社交统统都在网上完成。即使是在日常社交活动中，他们也时刻紧盯手机屏幕，保持与网络世界的互联。因此，在他们看来网络世界和真实世界之间并不存在任何界限。

在社交媒体的帮助下，Z世代每天以照片和视频的方式在社交平台上记录自己的生活。不同于理想主义的Y世代，Z世代相当务实。Y世代喜欢对个人照片修饰加工，发到网上是为了营造良好的个人形象，Z世代更喜欢率真地展现真正的自我。因此，Z世代反感经过加工和过度修饰的品牌，认为它们太假太做作。

和以往的世代相比，Z世代更愿意分享自己的个人信息，他们希望品牌可以提供个性化的内容、产品和消费者体验。此外，他们还希望有能力控制和定制产品或服务的消费方式。由于大量的品牌内容营销定位的都是这个群体，Z世代非常重视个性化和定制化带来的便利性。

和 Y 世代一样，Z 世代也非常关注社会变化和环境发展可持续性。作为务实的一代，Z 世代更加肯定自己的社会角色，强调以日常决策推动社会变革。他们喜欢那些注重解决社会问题和环境问题的企业品牌，认为自己的品牌选择会促使企业改善可持续发展的经营方式。Z 世代还热衷于志愿者活动，认为这样会改变世界，希望所在的公司能够提供志愿活动的平台。

Z 世代希望不断参与品牌互动，希望品牌能像手机和游戏设备一样激动人心。因此，他们希望企业能不断推出新的产品，在每一个消费触点为用户提供全新的交互式体验。企业如果无法做到，就会导致消费者对品牌忠诚度的降低。鉴于此，面向 Z 世代开发产品的企业必须面对产品生命周期快速缩短的问题。

目前，Z 世代已经超过 Y 世代成为全球规模最大的消费群体。到 2025 年，他们将会成为规模最大的劳动力群体，以及组成最重要的产品和服务市场。

阿尔法世代：千禧一代的子女

阿尔法世代是指 2010～2025 年出生的一代，他们是 21 世纪的第一批儿童。马克·麦克林德尔最早使用希腊字母表中的首字母阿尔法来命名这个世代，喻指技术融合趋势下被塑造而成的全新一代。阿尔法世代不但是"网络原住民"，而且在数字化行为方面深受 Y 世代父母和 Z 世代哥哥姐姐们的影响。于是，2010 年备受儿童喜欢的第一款 iPad 的诞生自然而然就成了阿尔法世代形成的标志。

阿尔法世代的特征在很大程度上受到其 Y 世代父母的影响。由于结婚较晚，Y 世代非常关注如何培养和教育子女。他们很早就开始培养孩子的金钱和财务意识，在高度多样化和快节奏的城市环境下养育子女。受此影响，阿尔法一代不但普遍得到了良好的教育，熟悉技术应用，而且具备很好的包容性和社交能力。

在 Y 世代的养育和 Z 世代的影响下，阿尔法世代从小就习惯在移动设备上消费数字化内容。阿尔法世代使用电子设备的时间比其他世代更长，每天都要观看在线视频或玩手机游戏。一些人还拥有父母协助管理的个人 YouTube 频道和 Instagram 账号。

阿尔法世代对品牌内容持更为开放的态度，例如 YouTube 上的玩具评论频道。他们的学习方式更强调可实践性和实验性。他们非常喜欢玩高科技玩具、智能设备和可穿戴设备。在他们看来，科技不但是日常生活必不可少的一部分，更是自我的一种延伸。未来，阿尔法世代在成长过程中将会继续使用各种类人技术，如人工智能、语音控制和机器人技术。

目前，阿尔法世代还没有巨大的消费能力，但他们已经对其他群体的消费产生了强大的影响。谷歌、益普索联合发布的调查报告显示，74% 的千禧一代父母在家庭决策中会征询阿尔法世代子女的意见。此外，一些阿尔法世代的孩子已成为社交媒体上的影响力人物，对同龄人有着重要的引领作用。伟门汤逊（Wunderman Thompson Commerce）公司的调查表明，55% 的美国和英国儿童希望购买同龄社交名人使用的产品。因此，阿尔法世代在全球范围内受到营销人员的关注只是一个时间问题。

五个消费世代的人生发展阶段

为了解五个不同世代的本质特征，我们必须分析他们经历过的人生发展阶段。一般来说，人生发展包括四个阶段，分别是基础阶段、前进阶段、培育阶段和尾声阶段（见图2-2）。每个阶段通常持续20年左右，随着发展阶段的更替，人生的目标和优先选择都会发生重大变化。

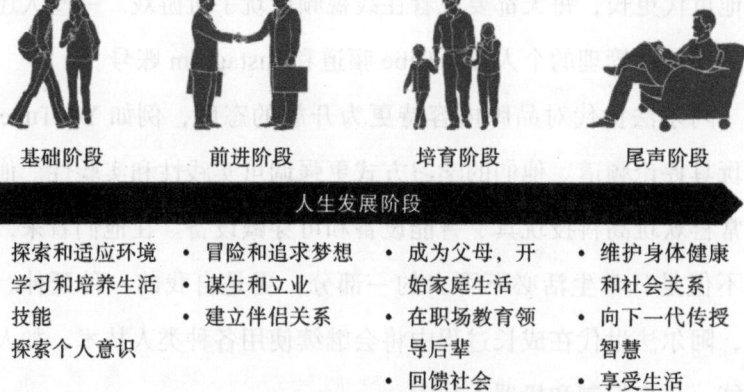

图2-2　不同的人生发展阶段和关键目标

人生的第一个阶段是基础阶段，这个阶段的主要目标是学习。在人生的头20年，我们一直在探索和适应周围的环境。在此阶段，知识和技能的学习不但来自正式的学校教育，也来自亲友和社会。此外，这个阶段也是我们探索个人意识和追求存在意义的阶段。

第二个阶段是前进阶段，在这个阶段的20年中，人们开始把所学的知识应用到工作中。通过自立谋生和建立事业，人们变得越来越独立。由于身体状况处于巅峰，人们在这个阶段更喜欢冒险，最大限度地探索生活。此外，这一阶段也是人们开启一段浪漫关系的阶段。

第三个阶段是培育阶段，此时人们开始安定下来，并建立家庭。经历了人生第二阶段的沉重压力，人们开始回归到健康的生活方式，同时花费很多时间支持家人。人们关注家庭生活和子女照顾，在职场注重对年轻一代进行教导和培育。在这个人生阶段，回馈社会也是一项重要的生活目标。

进入尾声阶段，人们开始适应老年生活，享受家庭幸福。这个阶段的目标主要是维持好个人健康和社会人际关系，通过参与有意义的活动享受晚年生活。老年阶段积累了丰富的人生经验，人们开始总结智慧并向年轻一代传授。

对于婴儿潮世代，他们的每个阶段差不多都是20年。目前，大部分婴儿潮世代已进入晚年，他们通过延迟退休的方式积极参与社会生活。X世代的人生阶段模式和婴儿潮世代基本相同，他们当中的大部分人目前处于人生的培育阶段。很多人成为成功的初创企业创始人，在40岁左右建立属于自己的企业。他们一方面强调工作和个人生活的平衡，另一方面也非常注重对社会的回馈。

Y世代的人生阶段模式略有不同，他们结婚生育的时间普遍较晚，这是因为他们人生中的其他重要活动，特别是在就业和服务社会方面开始的时间比较早。Y世代不像婴儿潮世代和X世代那样甘愿在传统企业中熬资历，而是希望通过频繁跳槽或早早创业实现跃升。受此影响，他们的人生进程发展速度要比婴儿潮世代更快。目前，他们本应处于人生的前进阶段，但其中一部分人已经开始考虑培育阶段的生活。他们早早关注工作和个人生活的平衡问题，他们的管理方式基于授权，并通过指导他人和社会目标驱动得以实现。尽管科技应用在 Y 世代的生活中随处可见，他们仍注重面对面的互动和沟通方式，这种互动方式正是人生培育阶段的基石。

我们认为 Z 世代和阿尔法世代也会出现人生阶段缩短的现象，在小小年纪就表现出相当成熟的思维方式。他们更愿意冒险，愿意通过实践方式学习，从而导致基础阶段和前进阶段的融合。虽然年纪还不到 20 岁，这两个世代的人群却表现出强烈的造福社会的愿望。他们对技术的看法并不狭隘，不认为技术是哗众取宠的噱头。在他们看来，技术是一种重要的推动力量，能帮助人类更快更好地完成工作，让他们可以关注人生中真正重要的问题。

人生阶段的缩短对于营销活动具有深刻的影响。要想服务好未来十年最重要的两个世代，即 Z 世代和阿尔法世代，仅靠技术应用是远远不够的。企业真正需要思考的是如何利用技术成功实施以人本主义为中心的解决办法。

代沟和营销演化

我们始终认为营销是一个不断演化的概念，它必须不断适应时刻变化的市场（见图 2-3）。

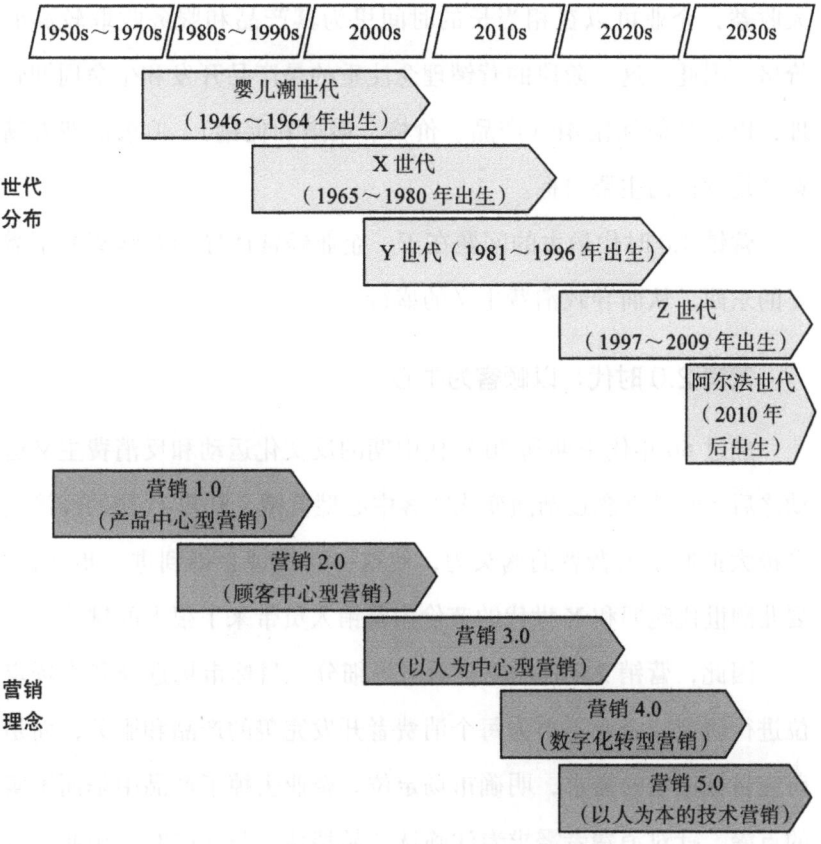

图 2-3 五个世代及营销演化示意图

营销 1.0 时代：以产品为中心

营销 1.0 即产品中心型营销，始于 20 世纪 50 年代的美国，主要服务于富裕的婴儿潮世代及其父母。营销 1.0 的主要目标是打造消费者心目中价值最高的完美产品和服务。那时，产品更具特色，服务更有优势，企业就一定能取得成功。由于为消费者带来了最大收益，企业可以在相当长的时间里为其产品和服务收取较高的价格。因此，这一阶段的营销理念注重的是产品开发和生命周期管理，以及如何优化 4P（产品、价格、渠道和促销）。追求消费者满意度是营销的主要目标。

营销 1.0 时代最大的问题在于，企业经常诱导顾客购买并不需要的东西，从而导致消费主义的盛行。

营销 2.0 时代：以顾客为中心

经过 60 年代中期到 70 年代中期的反文化运动和反消费主义运动之后，营销理念逐渐演变成顾客中心型营销。80 年代初的经济衰退极大抑制了消费者的购买力，使这一营销理念得到进一步强化。婴儿潮世代晚期和 X 世代的节俭为营销人员带来了很大的挑战。

因此，营销 2.0 时代围绕着市场细分、目标市场选择和市场定位进行研究。企业不再为每个消费者开发完美的产品和服务，而是研究目标市场的需求，明确市场定位。企业去掉了产品中华而不实的点缀，针对消费者需求专注筛选产品特性。与此同时，企业针对目标市场为产品合理定价。

另一方面，随着时间的推移，企业还努力营造良好的客户关系。营销人员使用客户关系管理工具留住顾客，避免他们转向竞争对手。营销的目标从追求消费者满意度转变成努力保住现有顾客。

营销 3.0 时代：以人为中心

21 世纪 00 年代后期，Y 世代的崛起和全球金融危机引发了营销领域的又一次重大变革。随着网络信息的普及和金融行业丑闻的影响，Y世代对唯利是图的企业的信任度越来越低。在此背景下，他们要求企业开发和营造可带来积极社会影响和环境影响的产品、服务和文化。于是，以人为中心的营销3.0时代到来。企业开始在其商业模式中注入职业道德和社会责任等新的营销内容。

营销4.0时代：从传统走向数字化

数字化时代的到来进一步推动了以人为中心型营销的发展趋势。Y世代和一部分Z世代积极投入到数字化经济浪潮。移动互联网、社交媒体和电子商务的出现改变了消费者购买产品和服务的方式。为适应这种变化，营销人员开始通过全渠道方式传播、交付产品和服务。从传统模式向数字化模式转型成为营销4.0时代的主要目标。

营销5.0时代：以人为本的技术时代

随着Z世代和阿尔法世代的崛起，全球将再次迎来新的营销变化。

这两个年轻世代的兴趣点和关注点主要有两个方向。一是为人类带来积极改变，改善人类的生活质量；二是推动技术进一步发展，以更好地为人类服务。为满足Z世代和阿尔法世代的需要，营销人员必须使用下一代技术改善人类生活状况。换句话说，营销5.0时代可以被视为营销3.0时代（以人为中心型营销）和营销4.0时代（技术推动型营销）的有机统一。

小　结：
针对不同世代人群的营销

未来十年，X 世代将会在全球营销领域占据几乎全部的领导岗位。作为营销人员，他们是唯一一个在人生发展历程中经历过从营销 1.0 到营销 4.0 的世代。在 Y 世代中层管理者的帮助下，X 世代将成为面向 Z 世代和阿尔法世代开展企业营销活动的引领者。

这两个年轻的世代将会为营销 5.0 提供重要的催化作用，实现营销 3.0 和营销 4.0 的有机统一。他们非常关注如何利用技术手段改善人类的生活状态，从而达到造福人类的目的。只有赢得 Z 世代和阿尔法世代信任的企业才能在营销 5.0 时代的竞争中取得成功。

思考问题

1. 你所在的企业目前服务的是哪个世代的人群？你是否全面了解该世代消费者的消费偏好和行为模式？
2. 你所在的企业有没有做好未来定位？换句话说，你的企业有没有准备好为数字化新生代（即 Z 世代和阿尔法世代）提供服务？

MARKETING
5.0
第三章

贫富两极化：
打造具有包容性和可持续性的社会

在惊悚电影《饥饿站台》(*The Platform*) 中，故事发生地点是一座几百层高的监狱，每一层随机分配两名犯人。在牢房中间有一个上下移动的平台，上面摆满了各种美食，每天从顶楼一直运送到底楼。住在监狱高层的犯人们可以尽情享用食物，把吃剩下的留给下一层犯人。由于上层犯人的贪婪和自私，下层犯人只能勉强吃到些剩饭，到达一定楼层之后平台上已经没有任何食物，下面的犯人只能饿肚子。

监狱为吃饭问题提供了一种解决方式，每个月随机调换犯人所在的楼层，这样一来人人都有可能吃饱饭或饿肚子。实际平台上提供的食物足够所有人食用，犯人们都知道这一点，只要控制好自己的食量就行。但是每个人都担心自己会挨饿，所以在取用食物时根本不考虑其他人的死活。这部电影反映了经典的"囚徒困境"心理，即符合个人利益的做法无法带来整体最佳结果。

这部电影一经推出就好评如潮，因为它传达的信息引发了所有观众的共鸣。电影用平台的方式隐喻社会不公现象以及导致这种现象发生的集体无视。在顶层人士穷奢极欲的同时，社会底部群体却食不果腹，而且大部分人似乎对如何缩小这种差距并不关心。电影还映射出现代社会面对的可持续发展问题，当代人对环境肆意地索取和破坏，完全不考虑这会给后代造成怎样的后果。

如今，富人和穷人之间不断拉开的差距已成为人类社会非常棘手的问题，导致人类生活各个方面出现严重的两极分化。像性别平等、清洁能源和智能城市等话题，似乎只有精英阶层才会关注。与此同时，在社会底层普通百姓还在贫困线上挣扎，希望获得最基本的食物、医疗和卫生服务。由于这些差距的存在，社会变革往往只能惠及一小部分人，很难造福普罗大众。

有观点认为技术应用可以缩小贫富差距，改善所有人的生活条件。但多年来的研究表明，大部分技术解决方案都需要重大的资金投入。在缺乏适当干预的情况下，技术创新总是会偏向那些富有的、更有机会接触创新应用的群体。例如自动化技术，拥有高等教育背景和高薪工作的人可以利用它获得更多的财富，而那些没受过教育的人却会因此丢掉工作。

目前，以人为本的技术应用仍集中于社会顶层。不难理解，企业只会向具有商业潜力的领域投资和应用技术创新。因此，人工智能算法关注的是对少数群体行为模式的描述，并在此基础上认为绝大多数群体都符合这种描述。这种情况必须加以改变，因为这样的先进技术是脱离群众的。换言之，营销 5.0 要想成功发挥作用，改善技术的普及性和相关性势在必行。

不断分化的社会

在过去几十年中，企业创造了巨大的社会财富，但这些财富的分配并不公平，而是表现出高度两极化的特征。处于市场中部的群体逐渐分化，不是流向收入顶部就是下滑到金字塔底部。根据威廉·大内（William Ouchi）和大前研一的研究，社会收入的形态已经从正态分布转变成 M 形分布，绝大部分人群处于分布图的顶部和底部。这两个区域的人群具有迥异的生活偏好和意识形态，在很多方面都表现出巨大的差别（见图 3-1）。

工作的分化	意识形态的分化	生活方式的分化	市场的分化
高薪高价值工作和低薪低价值工作不断分化，中间型岗位日益萎缩	两极化的世界观和意识形态（如贸易保护主义和自由贸易主义）变得越发显著	极简主义和消费主义生活方式同时出现，深刻影响消费者购买产品和服务的方式	高溢价奢侈品市场和低价耐用品市场都在扩大，中间消费市场不断缩小

图 3-1　高度两极化的社会

工作的分化

财富获取机会的多寡是造成收入失衡的一个主要原因。在企业中，通常都是管理高层对薪酬级别有更大的决定权和议价能力。美国经济政策研究所的调查报告显示，企业高管的薪酬在过去四十多年中出现了超过10倍的增长。有人认为高管理应获得更高的薪酬，因为他们的大部分薪酬是和股权价值的增长挂钩的。另一些人认为过高的薪酬不过是管理权力和管理需求决定的，并非其真实贡献和工作能力的体现。无论是哪种情况，企业高管薪资的增长几乎是普通员工薪资增长的100倍，造成了越来越大的贫富差距。

获取财富能力的高低是造成收入差距的另一个原因。根据经济合作与发展组织（OECD）的调查报告，高薪高价值工作和低薪低价值工作的数量都出现了增长，而两者之间的工作数量正在日益缩减。可满足技术需求的人才，不管是白领工作还是蓝领工作，都有较好的就业机会，尽管他们的收入不一定都是高薪。美国劳工统计局预测，与替代能源、信息技术、医疗健康和数据分析相关的技术岗位的数量将是未来十年增长最快的。这些岗位中有些可以获得很高的薪酬，而有些只能拿到微薄的报酬。这种薪资差距会使就业结构变得高度两极化。

全球化和数字化加剧了美国等发达国家的工作两极化。全球化使美国的很多低技术岗位流向国际外包，国内只留下了高技术行业。与此类似，数字化，特别是制造行业自动化的出现使大量重复性岗位消失，而高科技岗位则出现了需求增长。

意识形态的分化

全球化的矛盾之处在于,它要求更大的经济包容性,但是并不能创造平等的经济。可以说,有多少国家得到了全球化的帮助,就有多少国家同时受到了伤害。很多人认为全球化正是造成国际经济失衡的元凶。为应对这种压力,人们逐渐开始形成两极化的看法和世界观。一些人认为向全球化敞开大门可以创造更大的价值,另一些人则希望提高壁垒,实行贸易保护主义。英国脱欧以及特朗普当选美国总统就是很好的例子,它表明英美政府希望实施更为封闭的发展模式,通过促进分化的方式来扩大选举影响。

身份政治在全球的出现就是由意识形态分化直接引发的。这种现象带来的负面影响在于,政治活动的立场和决定取决于党派的观点,并不一定是为了社会大众考虑。通常情况下,党派之间的政治对话总是充满火药味而不是为了澄清事实。再加上社交媒体的信息发酵和不实信息在网上的飞速传播,人们的意识形态分化变得愈演愈烈。

受此影响,一些关键问题的争论变得史无前例地高度两极化。政治派别的差异在这些问题上表现得泾渭分明。例如,民主党认为应对气候变化和管理医保支出是迫切需要解决的问题,而共和党认为发展经济和打击恐怖主义才是美国的当务之急。不同党派甚至对美好家园都有不同的定义。根据皮尤研究中心的调查,大部分民主党人认为人口稠密,拥有公共设施的社区是理想的家园,但大部分共和党人看法恰恰相反。再比如,和共和党相比,更多的民主党人士希望在种族多样化的社区中生活。

生活方式的分化

两极化趋势不仅出现在意识形态和共同选择上,也出现在生活方式上。一方面,极简主义运动蔚然成风,日本整理师近藤麻理惠(Marie Kondo)提倡的以极简方式整理家务的做法迅速赢得全球关注。实际上,极简主义背后隐藏的理念是物品越少压力就越小,这种生活方式能帮助人们释放压力,以更为自由的心态追求人生真正重要的目标。

面对新冠肺炎疫情的暴发和失业潮的出现,经济困难下的人们不得不采用更为节俭的生活方式,把消费重点放在生活必需品上,限制不必要的开支。实际上就连比较富裕、拥有较强购买力的消费者也在选择低调的生活方式,避免过度消费和支出。出于对个人碳足迹的关心以及对全球贫困问题的关注,他们选择放弃对物质财富的追求。这种生活方式具体表现为理性消费,穿环保面料或生态友好型的服装,以及选择更加环保的出行方式。

另外,消费主义生活方式也在兴起。一些消费者希望炫耀奢侈的生活方式和任性的购买态度。尽管不同的社会阶层都存在此类消费者,但大部分来自中产阶级和新贵阶层。

以社交媒体为基准,消费主义者渴望效仿社会高层的生活方式,实现阶层的上升。这些消费者通常喜欢抢先购买市场上刚刚出现的新产品,成为商品早期的使用者。他们经常在社交媒体上记录和展示各种品牌消费体验。"害怕落伍"(FOMO)是这些消费者典型的心理模式,操控、影响着他们的购买决策和生活方式。他们信奉"人生只活一次"(YOLO)的原则,在消费生活中总是不留遗憾。

无论上面哪一种群体，他们都认为自己的生活方式会带来快乐。对于希望在新兴市场中发现商机的营销人员来说，消费主义者和极简主义者都是值得关注的群体。实际上，随着中间消费群体的逐渐消失，这两个群体正在成为最大的消费市场。

市场的分化

随着消费群体的变化，产品市场也在逐渐分化，不再像以前那样从最廉价的产品到最贵的奢侈品一应俱全，而是集中到顶部和底部以满足相应的用户需求。当消费者逐渐分流到高溢价的奢侈品市场和低价耐用品市场时，中间消费市场开始慢慢消失。受此影响，位于市场顶部和底部的消费者快速出现增长，勉强维持的中间市场日益被边缘化。这种分化现象在不同的行业都有所体现，如百货和时装零售行业、食品服务行业、航空业和汽车行业（见图3-2）。

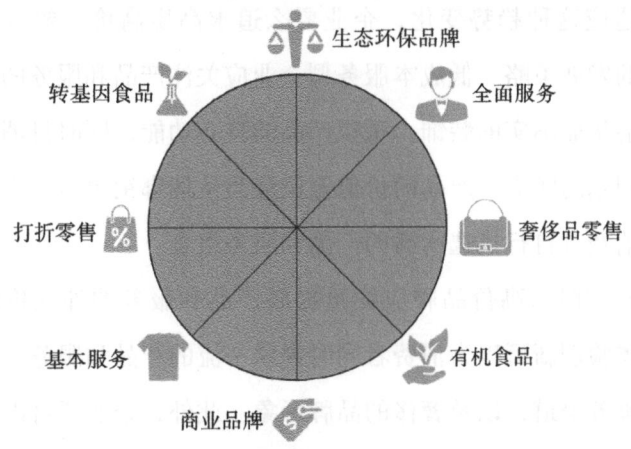

图3-2　不同产品类别的市场两极化表现

经济危机的出现，特别是新冠肺炎疫情之后出现的经济危机，对低收入消费者的消费方式产生了持久的影响。在艰难的经济形势下，越来越多的顾客希望商家提供折扣。为了省钱，消费者只购买那些最基本的低价产品。由于这些产品质量尚可，消费者逐渐开始习惯和接受。有些消费者甚至觉得以前的购物方式太过大手大脚，以后再也不会购买高价品牌。随着低价产品的质量不断得到改善，实惠的价格和先进制造技术的应用使这种消费趋势方兴未艾。

另外，高收入消费者在经济危机中受到的影响较小，甚至在危机中有所收益。经济危机和新冠肺炎疫情的出现让他们意识到个人健康的重要性，从而更为注重优质产品和服务的价值。对于这些消费者，特别是刚刚富裕起来的群体，高收入往往意味着高支出。跻身高收入群体之后，他们会效仿周围人士的生活方式，展现个人的成功。因此，他们始终会关注消费层次的上升，享受高级别的产品和服务。

为适应这种趋势变化，企业要么追求高质高价，要么追求物美价廉的发展策略。低成本服务型企业应关注产品和服务的内在价值，取消华而不实的装饰，重视产品的核心功能，同时打消消费者对质量问题的顾虑。产品的价值定位应当从捆绑销售转变为单项销售，让消费者自行挑选所需的产品和服务组合。

与此同时，高价品牌应注重提高产品和服务的外在价值。全面客户体验创新可以为消费者同时提供一流的产品和服务、专属的销售和服务渠道，以及奢侈的品牌形象。此外，企业还可以开发价格适中的奢侈品，吸引中层消费者向高级市场流动。

包容性和可持续性的重要意义

收入分配不均导致的社会两极化会对人类生活的很多方面产生深远的影响。一方面是努力实现温饱的底层民众，另一方面是在数字化和全球化浪潮中崛起的富裕阶层，企业必须意识到这两者之间存在的巨大鸿沟。如果这个问题无法得到有效解决，人类社会将会出现政治动荡、社会紊乱和经济崩溃等一系列重大风险。从某种程度上说，企业对收入分配的失衡也负有一定的责任。因此，企业必须实现包容性和可持续的价值增长方式，努力解决这一日益严重的社会问题（见图3-3）。

图3-3　企业能动性存在的原因

可持续增长的必要性

近年来，很多企业发现新的经济增长点越来越少，很难发现未经接触且具备购买力的新市场。即使是经营良好的公司，也很难通过市场拓展和新产品开发的方式创造价值并实现可持续的有机增长。未来，这种情况将会为企业带来重大的挑战。有经济学家预测，未来十年全球经济增长将会继续出现下滑态势。

经济增长近乎停滞可能是市场饱和、企业竞争加剧、消费者购买力下降，以及过度复杂的经营方式等问题共同导致的。无论从生态环境还是社会角度观察，这些现象都表明企业将很快达到经济增长的极限。正如环境的承载能力有限一样，市场的承载能力也是有一定限度的。

很多企业曾认为把部分利润拿出来回馈社会发展，会导致自身增长放缓。实际上这种观点是错误的。企业在经营过程中必须考虑到一些负面的外部影响。数十年的过度增长策略为人类带来了环境的不断恶化和社会不公现象。显然，企业是无法在日益衰败和退步的社会环境中取得欣欣向荣的发展的。

如果只顾经济增长而不顾社会发展，企业很快会触碰增长极限。随着社会财富分化的日益加剧，整个市场（尤其是底部市场）将无力吸收重大的增长机遇。只有那些拥有足够实力解决社会问题的企业才能取得成功。因此，企业要想实现可持续发展，必须把社会发展纳入企业的发展战略。

从未来增长角度来看，企业实施社会能动性将会成为有效的投资行为。当数十亿人口开始摆脱贫困，接受良好教育，实现收入增长时，全球市场将会迎来可持续的增长，以前未发现的新领域将会成为新的经济增长来源。另外，随着社会的日益稳定和环境的可持续发展，企业经营的成本和风险也会显著降低。

新的保健因素

十年前营销3.0概念刚推出时，目标驱动型商业模式是一种相对较新的差异化方式，能为早期采用者带来一定的竞争优势。后来，消费者开始青睐注重积极社会影响的品牌，一部分企业转而采用以人为中心型商业模式，将其作为公司发展的核心战略。一些引领时代的品牌，如美体小铺（The Body Shop）和本杰瑞冰激凌（Ben & Jerry's）成为消费者眼中的时尚。这些企业在经营过程中为一些社会问题提出了解决方式，并通过邀请顾客参与的方式让消费者感受积极变化。这些案例表明，人类面对的重大难题同时是企业经营的重大发展机遇。

如今，以人为中心已成为企业经营的主流趋势。数以千计的企业开始认真关注品牌在社会和环境方面产生的影响，甚至积极使用品牌力量推动社会创新。通过倡导健康生活方式、减少碳足迹、与新兴市场供应商建立公平交易、保证合法用工，以及鼓励社会底层创业等方式，很多品牌吸引了大批忠诚的消费者。

没有远大的视野、使命和价值观，品牌就难以竞争和生存，如今这一理念已成为企业考量的一项重要因素。无法实现负责任经营的企业很快会被潜在的消费者抛弃。对今天的消费者来说，购买决策在很大程度上取决于企业经营行为是否道德。实际上，消费者希望品牌能致力于全社会的良好发展，企业对此是非常清楚的。例如，微软、星巴克、辉瑞制药、联合利华和数百家大型企业参与的，暂停在Facebook上投放广告，以此方式呼吁社交媒体抵制仇恨言论和不实信息的"停止以仇恨牟利"（Stop Hate For Profit）活动，充分体现了企业能动性的重要作用。

对市场而言，企业品牌不但要加以利用，更要学会如何开发和培育。换句话说，企业不但有责任提升短期的股东价值，更有责任提升长期的社会价值。互联网的出现使企业时刻处于消费者的监督之下，使我们轻易就能发现企业经营的不当之处。如今，定期发布可持续发展报告已成为很多企业的标准做法，有助于向消费者说明企业经营在经济、环境和社会方面造成的影响。

内部推动力量

企业经营的外部趋势也会在内部动态中得到反映，企业的社会影响力会在年轻员工群体中引发很好的共鸣。为响应员工的需求，企业开始把社会使命纳入公司价值观。作为规模最大的劳动力群体，Y世代员工一直都是社会变革的推动者。他们不但以消费者身份通过购买行为对企业施加影响，还努力从企业内部引领社会变革。目前，Z世代正在陆续进入职场，他们很快将会成为新的职场主力，从内部促使企业追求更具社会影响和环保态度的经营行为（见第二章关于不同世代的说明）。

目前，多样性、包容性和平等发展机会已成为企业抢人大战中不可或缺的要素，这些要素会对企业的招聘、薪酬和人力开发活动造成显著的影响。波士顿咨询、麦肯锡和瀚纳仕的大量研究表明，这些活动能创造更为健康的公司文化、更强的创造性和更丰富的观点看法，从而有效改善企业的生产率和经济表现。

另外，企业价值在吸引和留住年轻员工方面的重要性也得到了凸显。要想成为员工心目中的最佳雇主，企业必须像对待顾客那样为员工营造激励人心的体验。当企业价值和业务内容保持一致时，员工会对公司产生极大的信任。例如，石油天然气企业必须关注可再生能源的开发和电动车辆等问题，个人护理品牌可以向社区卫生事业进行捐赠，食品饮料企业可以致力于消除肥胖运动。

这些价值观绝不能只停留在口头上，企业必须身体力行地投入实践活动。否则，员工很快就会意识到公司不过是在开空头支票和投机取巧。此外，企业的社会实践活动不能只停留在慈善捐赠的层面，而是必须将其纳入整个发展战略，渗入供应链、产品开发、分销和人力资源等各个环节。

企业战略和可持续发展目标的统一

企业在改善社会方面发挥着至关重要的作用。然而即便大部分企业都投入资源，把能动性作为发展战略的核心，由此产生的影响仍不足以改变整个世界。要想实现协同化效应，各方还必须采取一致行动。由政府、民间组织和企业共同建立的全球性合作平台，可以帮助富有远见的企业在世界范围内找到志同道合的组织机构进行有效合作。

可持续发展目标可以为这种合作提供很好的指导。2015年，联合国通过了《2030年可持续发展议程》，承诺在2030年实现包含17项目标在内的综合性发展规划（见图3-4）。《2030年可持续发展议程》取代《千年发展目标》，已成为各国应对迫切社会问题和环境问题的共同行动方案和指导蓝图。

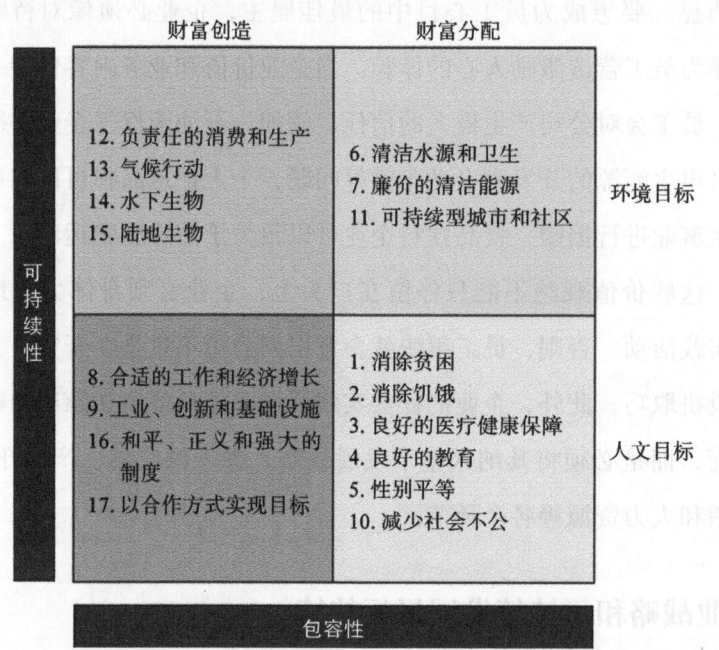

图 3-4 《2030 年可持续发展议程》中提出的 17 项包容性和可持续性发展目标

联合国制定的可持续发展目标在实施过程中仍面临着一些困难，这些困难主要源自对目标相关性的认知度较低。世界经济论坛的调查研究表明，约有 74% 的全球人口了解这些发展目标，但是大部分人关注的是与自身密切相关的目标，如食品、水源、健康和能源等方面的目标。对于其他更为高级的目标，如性别平等和收入平等，人们的关注程度则比较低。

显然，企业有责任改变这一现象。通过把上述目标纳入营销和经营活动，企业可以更好地将其应用到消费者的日常生活中。这样一来，可持续发展目标就会成为家喻户晓的内容，而不是只停留在政府层面的活动。

简单地说，企业可以把可持续发展目标分成人文目标和环境目标两大类。一方面，创造更美好的未来需要改善全球人类的生活水平，提供基本的日常所需、基础的生活技能，以及平等的发展机会。另一方面，人类还必须维持和保护良好的环境，为后代提供可持续生存的家园。

可持续发展目标还提出了财富创造和公平分配问题。具体的目标是为每一个人的发展创造良好的生态系统和条件，包括开发高质量的基础设施和安全的住房，降低犯罪率，减少贪污现象等。其他目标关注的是提供公平的发展机会，特别是社会边缘群体的发展机会，具体包括消除对女性的歧视，实现平等的受教育权等。

这种分类方式有助于简化目标，帮助企业了解目标内容并做出优先选择。这17项发展目标看起来有点吓人，很容易让人打退堂鼓，实际上它们的目的是推动包容性和可持续的社会发展。这样分类有助于企业快速发现可以在哪些领域施加社会影响。

以医疗服务企业为例，在包容性方面，企业可以关注如何推广健康生活方式，以及向农村人口提供价格低廉的诊断服务和药品；在可持续性方面，企业可利用技术为偏远地区提供远程医疗服务，从而免去患者的舟车劳顿，节省能源并减少碳排放。

金融服务企业可以通过定位未开发市场和使用金融技术模型的方式推动金融普惠性。与此同时，还可以通过资助可再生能源的开发，禁止投资环境破坏型项目，实现和推动可持续投资。

制造型企业可采用循环经济模式实现对生产材料的减少、重复使用和循环使用，从而达到可持续发展目标，还可以通过雇用少数族群和鼓励小企业加入供应链的方式为包容性经济做出贡献。

采用包容性和可持续性经营方式的企业很快就会实现直接效益和间接效益。无论办公室还是生产车间，节能经营会带来很大的成本节约。远程工作和共享交通带来的出行减少，也会为企业节省可观的费用。

此外，为不发达市场提供服务可以为企业带来新的市场机遇。最重要的是，这样做还能迫使企业实现反向创新。过去，创新活动通常都是从发达国家流向发展中国家的，现在这种情况出现了逆转。例如，通用电气公司一直在发展中国家开发低成本的医疗设备，然后再转向发达国家销售，实现了便携式设备的重新定位。

为发展方向确定明确目标，有利于企业了解发挥能动性的规模和范围，促进目标在组织机构内部的实施。对实施成果进行衡量和监督可以鼓励企业进一步发挥能动性。事实证明，企业能动性不但是一种责任更是一种可靠的投资。此外，实施成果的汇报和宣传有助于其他企业的效仿和追随，有助于潜在的合作伙伴发现新的合作方向。

小 结：
打造具有包容性和可持续性的社会

人类生活各个方面存在的高度两极化现象是当代营销人员面对的一个主要难题，具体包括工作、意识形态、生活方式和市场的两极化。造成这些两极化现象的根源是顶层和底层两大社会经济阶层的高度分裂。与此同时，处于市场中间的阶层逐渐消失，出现向上和向下的分流。

在高度两极化的市场中，企业和品牌只有两种有意义的定位方式。这种现状限制了企业经营的市场空间。最重要的是，随着全球经济的放缓和竞争的日益加剧，企业的发展机会也受到了限制。

与可持续发展目标保持一致的包容性和可持续性营销活动，可以通过改善财富再分配的方式解决上述问题，使社会回归本真。企业必须在其商业模式中纳入这些理念，有意识地对社会进行反馈投资。此外，企业还必须充分利用技术手段加速社会发展进程，为每一个社会成员提供发展机会。

思考问题

1. 你所在的企业是否倡导以人为中心，把社会影响力纳入企业的愿景、使命和价值观？
2. 请思考怎样才能让企业发展战略更好地符合可持续发展目标？17项目标中有哪些与企业的业务相关？

MARKETING
5.0
第四章

数字鸿沟：
实现技术应用的个性化、社会化和体验化

在 2000 年四月刊的《连线》（Wired）杂志中，作者比尔·乔伊（Bill Joy，太阳微系统公司联合创始人）发表了一篇名为《为什么未来不需要我们》（Why the Future Doesn't Need Us）的文章。在未来假设的反乌托邦社会中，具有高度智能的机器设备将会取代人类，进入所谓的奇点时代。当年《连线》杂志也曾发表过几篇类似的封面故事，介绍未来机器和人工智能的结合，以及这些先进技术会对人类社会造成怎样的影响。

二十年后，这些文章描述的情景还没有出现，奇点时代仍是一个充满争议的观点。在 2019 世界人工智能大会上，特斯拉公司首席执行官埃隆·马斯克和阿里巴巴集团创始人曾就"未来掌握在

人类还是机器手中"的问题发表过不同的看法。马斯克拥护乔伊的观点，认为人工智能将会终结人类文明。阿里巴巴集团创始人则认为人类具有独特的情感能力，因此成为永远超越机器的存在。

无论是机器对传统工作岗位的取代，抑或是可能造成的人类文明终结，企业界对于人工智能带来的威胁一直都保持谨慎态度。其实关于这个问题，很多人都觉得似乎有些危言耸听。人类一直都在设想未来人工智能时代的自动化生活，如智能房屋、自动驾驶汽车和3D自动打印。但是截至目前，自动化仍只局限于形式有限的原型机开发阶段，尚未形成社会主流。

自动化的发展的确会取代一些人类工作，根据布鲁金斯学会（Brookings Institution）的预测，自动化设备将会取代美国25%的人工岗位，特别是那些高度重复性的工作。但是，人工智能要想赶超人类智能并彻底取代人类，未来还有很长的路要走。即使奇点理论的支持者也认为，人类还需要数十年的时间才能进入这一时代。按照谷歌公司技术总监雷·库兹韦尔（Ray Kurzweil）和日本软银集团董事长孙正义的预测，奇点时代大概会在2045～2050年出现。

数字鸿沟依然存在

截至2020年，全球互联网用户已接近50亿人。根据全球知名创意广告公司维奥思社（We Are Social）的估计，目前全球网民的数量正在以每天新增100万的速度增长。按照这一预测，十年后全球90%的人口都将成为互联网用户。到2030年，全球互联网用户将会超过80亿，占全球总人口数的90%以上。

如今，连通问题已不再成为限制互联网应用的主要障碍。纵观全球，几乎所有的人口都能实现对移动蜂窝网络的访问。以全球人口第四大国印度尼西亚为例，根据通信与信息技术部部长约翰尼·布拉特（Johnny Plate）提供的数据，印度尼西亚政府铺设了超过 216 000 英里（1 英里 ≈ 1.6 公里）的陆地和海底光缆，为生活在 17 000 多个岛屿上的居民提供高速互联网服务。

目前，限制互联网应用的主要障碍在于访问设备的成本以及应用的简便性。由于全球互联网应用的分布并不均衡，新用户主要来自新兴市场国家。这些国家的用户通常都使用手机上网，或是只能使用手机上网。鉴于此，价格低廉的移动手机、轻量型操作系统、便宜的流量包和免费的无线连接热点，这些要素对于企业接触和获取新一代网民群体至关重要。

除了连接用户，互联网还可以连接设备和机器，即物联网。这项技术可用于各种监控用途，如智能化计量，以及用于家庭生活或工业生产领域的资产移动跟踪。物联网可支持设备和机器之间的通信，无需人工操作即可实现对网络中所有设备的远程自动化管理。最终，物联网将会发展成为自动化社会的支撑，人工智能技术发展成为控制所有设备和机器的大脑。

根据技术型企业的预测，人类社会到 2030 年将会出现数千亿的物联网设备。尽管数量如此惊人，这一发展速度仍相当低下。全球知名信息技术研究与咨询机构高德纳咨询公司（Gartner）预测，截至 2020 年物联网中的设备会达到约 60 亿台，其中主要是智能电表和楼宇监控设备。5G，即第五代移动互联网技术将会成为推动物联网发展的关键动力。和当前应用的 4G 网络相比，5G 网络可以提供高达 100 倍的数据传输速度和 10 倍以上的设备访问量，从而使物联网应用变得更为高效。

无处不在的用户互联和设备互联是全面进入数字化经济时代的基础设施保障。这些技术可以推动自动化生产和远程控制，彻底淘汰传统的供应链，实现买卖双方之间完美的互动、交易和业务达成。在生产加工领域，这些技术可以更好地促进员工协作，让生产流程变得更加高效，从而提高员工的生产率。

但全面开发的数字化基础设施并不能保证数字化社会的全面实现。当前，数字化技术的主要应用仍局限于简单的人际沟通和网络内容消费等方面，更为先进的应用可谓凤毛麟角，即使在私营企业也不多见。为弥合这一数字鸿沟，企业和消费者都必须加大对数字技术的广泛应用。

尽管社会各个行业都能访问和使用数字化基础设施，但不同行业对数字技术的使用程度存在着很大的差别。高科技行业、媒体和娱乐行业、通信行业和金融服务行业是较早采用数字化技术应用的行业，建筑行业、采矿业、医疗卫生行业和政府在数字化技术方面的应用还有待提高。

此外，很多其他因素也会影响企业应用数字化技术的意愿。市场中的老牌企业不愿投资数字化技术取代实体资产，它们已经习惯于传统的经营方式。相比之下，那些轻资本重技术的数字化企业往往没有经营包袱，可以放开手脚大胆前进。此外，在盈利能力下降的情况下，削减员工和其他成本的需要，也是决定数字化技术应用意愿的一个因素。在盈利水平不断萎缩的行业中，采用数字化技术应用的压力显然更为巨大。

最后，来自消费者的推动是数字化应用的决定性因素。当消费者要求企业提供数字化交流平台和交易渠道时，企业只能乖乖遵从。当消费者高度认同数字化服务体验时，企业自然有动力投入资金进行开发。只有通过这种方式，数字鸿沟问题才能最终得以解决。数字化程度更高的市场环境将会带来更好的营销实践，促使更多的企业拥抱营销5.0时代。

数字化的风险和机遇

传统观点认为，数字鸿沟是指有能力接触数字技术的群体和无法接触数字技术的群体之间的差距。实则不然，它指的是数字化拥护者和反对者之间的鸿沟。对于全面数字化会为人类社会带来更多机遇还是威胁这一问题，人们一直以来都存在高度两极化的观点（见图4-1）。除非我们能够管控相关的风险，探索更多的机遇，否则数字鸿沟问题未来仍将继续存在。

图4-1　数字化带来的风险和机遇

数字化的风险

数字化会带来以下五种令人畏惧的威胁：

#1 自动化和工作机会的减少。 随着机器人和人工智能等自动化技术在企业生产中的广泛应用，未来需要人类参与的工作岗位会越来越少。自动化生产需要投入的资源更少，可靠性更高，可以很好地提高生产效率。当然，并不是所有的工作岗位都会受到威胁。只有那些高度重复性，劳动价值不高且人类工作很容易出错的岗位，才会被自动化机器生产线取代。像那些需要投入人类感知能力和创造力的工作是很难被机器取代的。

同时，这一风险在全球范围内的影响程度并不一致。在劳动力成本日益提高的发达国家，利用自动化生产提高效率势在必行。但是在很多发展中国家，利用自动化生产取代人力劳动是否具备成本效益还有待商榷。显然，这些不同情况的存在使得数字鸿沟问题很难在短时间内得到解决。

#2 对未知事物的信任和恐惧。 数字化对于人类的影响不只是通过移动设备和社交媒体实现人际互联，在其他方面的影响更为复杂深刻。这种影响在人类生活的方方面面都有明显的体现，包括商业、交通、教育、医疗等各个行业。人工智能技术作为复杂数字化应用的基础，其发展目标不只是要模仿人类智力活动，未来更希望能超越人类智力活动。

实际上，高级人工智能算法和模型已经超越了人类的理解能力。当感觉到数字化发展超出控制范围时，人们便会产生焦虑，下意识地做出防御反应。特别是那些涉及高度信任水平的智能应用，如金融管理、自动驾驶和智能医疗等领域，都会出现这种情况。简而言之，信任问题是限制数字化技术应用的一项重要因素。

#3 隐私和安全问题。 人工智能应用需要海量的数据支持，这些数据来自企业对顾客数据库、历史交易、社交媒体和其他渠道的搜集。有了这些数据，人工智能引擎才能开发描述模型和预测算法，帮助企业深刻了解顾客过去和未来的行为模式。对于这种智能应用，一些消费者认为它们可以更好地实现产品服务的定制化和个性化，而另一些消费者则认为对他们的个人隐私构成了威胁。

此外，数字化技术还会对国家安全造成威胁。例如，作战型无人机等自动化武器系统是很难进行防御的。当人类生活的各个方面都实现数字化时，对国家来说网络攻击也会变得日益普遍。一次物联网攻击足以使整个国家的数字基础设施瘫痪。企业和国家能否有效解决上述隐私和安全问题，扫清数字化技术应用的障碍。

#4 信息过滤和后真相时代。 如今，搜索引擎和社交媒体已取代传统媒体成为数字时代获取信息的主要途径。这些智能应用在塑造认知和构建观点方面具有强大的作用。尽管如此，此类工具存在一个显著的内在问题，即算法应用可为用户提供量身打造的个性化信息。受此影响，个性化搜索结果和社交媒体的推送信息并不能让用户了解事情的全貌，只会不断巩固强化他们已有的偏见。

后真相时代的出现会让这种情况变得更加复杂，以至于人们根本无法分辨一件事到底是真是假。网上各种谣言满天飞，从无伤大雅的愚弄到蓄意为之的谎言应有尽有。在人工智能应用的帮助下，制作一个混淆视听的音频或视频简直易如反掌。显然，如果无法有效控制对智能技术的此类应用，人类社会要解决数字鸿沟问题仍任重而道远。

#5 数字化生活方式和行为方式的副作用。如今，移动应用、社交媒体和各种游戏带来的持久的刺激和参与感，使人们一拿起手机就欲罢不能，经常一玩就是几个小时。这种上瘾行为会导致很多人疏于现实的人际互动，不参加体育运动，出现睡眠问题，甚至影响到人们的身体健康。长此以往，过度使用手机或电脑还会缩短使用者的注意力持续时间，使其难以投入需要集中精力的工作中。

数字化技术可以让我们的日常生活变得简单轻松，例如商品快递上门，使用谷歌地图浏览街景等。长此以往，人们会变得对网络高度依赖。在日常决策中，我们会放弃个人判断，什么事都依靠人工智能算法的推荐。让机器代替我们决策，这种情况会造成"自动化偏差"的出现。如何消除此类行为造成的副作用，也是推动数字化普及需要关注的一个重要问题。

数字化的机遇

尽管存在上述风险，数字化同样会为人类社会带来很多重大的机遇。下面我们着重探讨的是数字化应用可带来显著价值增长的五个方面。

#1 数字化经济和财富创造。首先，数字化应用可以催生数字化经济的出现，创造出巨大的社会财富。数字化应用可以帮助企业跨越地区和行业界限，搭建起可实现大规模交易的平台和生态系统。数字化技术不但可以帮助企业改善用户体验，还可以创新商

业模式。它可以让企业更好地满足消费者期望,增强消费者购买意愿,最终更好地推动价值创造。

不同于传统模式,数字化商业模式需要投入的资源更少,产品推出的周期更短,而且更易于实现升级换代。因此,它能让企业在很短的时间内实现指数级的业务增长。此外,在用户体验领域实现数字化应用可以很好地降低(人工服务的)出错次数和成本投入,从而实现更高的生产效率和盈利能力。

#2 大数据和终身学习。数字化平台和生态系统改变了企业的经营方式。它们可以在企业、顾客和其他利益相关方之间实现无缝连接,实现无限的沟通和交易活动。无需受实体经营的限制,这些横跨多个行业的平台和生态系统可以搜集海量的原始数据,推动人工智能引擎开发出规模庞大的知识库。

数字化知识库将进一步加速大规模开放在线课程(慕课)的增长,利用人工智能培训方案和辅助教学手段对其进行深化。这些工具可以帮助人们终身学习新的技术,不落后于时代。

#3 智能生活和增强现实。数字化应用可以实现我们只能在乌托邦电影中看到的未来生活。在全面实现数字化的时代,人类生活在智能房屋中,每一个行动都可以自动化实现或是通过声控设备完成。机器人管家会处理家务,智能冰箱会自动采购生活用品,无人机会把食品杂货送到每家每户。我们需要任何东西,都可以通过3D打印来获取。车库里的智能电动汽车可以随时把我们带到想去的地方。

到那时,连接人类和数字化世界的设备将不再局限于移动电话。这一接口将会日益小型化，成为可穿戴设备，甚至是植入人体的微型设备，从而创造出增强现实环境。例如，马斯克的脑链公司（Neuralink）正在开发一种可植入式电脑芯片，这种芯片可作为人机交互接口，帮助人类用意识控制计算机。

#4 改善人类健康并延长人类寿命。在医疗健康领域，先进的生物技术可以延长人类的寿命。通过在医疗领域应用大数据，人工智能可以推动新药研发和精准治疗，针对每一位患者设计个性化的诊断和治疗方案。未来的基因工程技术可以预防并治疗基因疾病，神经技术领域的应用可通过芯片植入治疗脑部疾病。利用可穿戴设备或植入设备进行持续的健康监测，预防式医疗将会在未来成为主流。

此外，食品加工技术领域也会实现类似的发展。生物技术和人工智能技术的结合可以优化食品的生产和经销过程，消除人类社会的饥饿和营养不良现象。从事老年服务技术开发的企业会大量出现，它们提供的产品和服务可以帮助老年人更好地管理自己，改善生活质量。

#5 可持续性和社会包容。数字化应用在推动环境可持续性方面也发挥着非常重要的作用。未来的电动车辆共享将会成为促进环境可持续发展的主力。点对点太阳能交易系统可以让社区邻里之间共享额外的电力，为节能环保事业做出贡献。

在制造业领域，人工智能应用可以在从设计、材料选择到生产加工的整个过程中协助实现废弃物减排。在人工智能技术的帮助下，人类将建立起全面的循环经济，依靠材料的持续循环使用形成闭环运营系统。

当数字鸿沟不复存在，人类社会在全球范围内普遍实现数字化连通时，真正具有包容性的社会将会出现，为低收入的地区或群体提供同等的市场准入机会和技能学习机会，进而改善他们的生活水平，帮助那里的人们摆脱贫困。

综上，对待数字化应用的两极化观点才是真正的数字鸿沟。为避免这种争执，我们必须深入理解技术应用的人本精神，使人性在技术应用中得到最大限度的发挥。

技术应用的个性化

在营销 5.0 时代，消费者希望企业理解他们并提供个性化的体验。对很多企业来说，当顾客数量有限时要做到这一点并不困难，真正困难的是随着顾客数量的增长如何持续有效地实现这一目标。因此，我们很有必要使用技术手段对特定消费群体进行特征描述，开发定制化产品和服务，提供个性化内容，营造专属体验。

人工智能技术可以从三个方面提升消费者在体验历程中每一个触点的体验。首先，它能实现智能定位，在合适的场合把合适的产品推送给合适的消费者。其次，它能实现更高的产品匹配度。企业可提供个性化产品，甚至允许消费者对其产品进行定制。最后，它能提升顾客的参与感。企业可以提供定制化内容，和消费者实现更为密切的互动。

使用人工智能技术实现个性化服务，这样做可以提高消费者的满意度和忠诚度，进而提升他们对数据共享的接受度。只要个性化服务带来的实际好处大于人们对个人隐私问题的担心，消费者就会愿意分享个人数据。在这个问题上，关键是要接受消费者的选择性关注，同时要为他们保留一定的自主决定权。当消费者感觉人工智能技术既能有效帮助他们做出决策，又给他们留出必要的决定权时，这种个性化服务无疑是非常具有吸引力的。

接受选择性关注

美国心理学家巴里·施瓦茨（Barry Schwartz）在其作品《选择的悖论》（*The Paradox of Choice*）中称，和选择越多越好的普遍观点恰恰相反，减少选择会降低决策焦虑，让人们感到更为快乐。这是因为人类天生具备选择性关注的特点。在选择过程中，我们总是倾向于把注意力投向相关的事物，屏蔽掉无关的事物。由于注意力有限，我们只能对信息进行过滤加工，只有这样才能保证始终关注重要问题。

事实的确如此，过多的产品选择、商业信息和频道选择经常会让我们分神，难以做出哪怕是简单的购买决策。因此，我们希望摆脱复杂的决策工作，希望企业可以帮助消费者简化各种选择并做出最佳产品推荐。人工智能技术应取代人脑中的信息过滤机制，使信息过载时代的决策活动变得简单可控。

拥有数百万的用户资料和商品评论，企业可以开发出能够满足特定消费者需求的产品和服务。以消费性包装品为例，人工智能算法可以推荐精确的产品规格信息，计算出从哪一个经销点发货最合适。在保险业，人工智能模型可以帮助企业设定最优化保险方案，根据投保人过去的行为模式确定计费价格。

允许个人控制

人类希望能够掌控自己的生活，掌控周围的环境，这是一种难以改变的天性。有意识的掌控，是指消费者能够感觉到他们有权做出自主决策并承担后果，这一点正是让顾客产生愉悦感的重要原因。因此，企业必须利用智能技术帮助消费者在采购决策过程中实现这种有意识的掌控。

限制消费者的选择并不是说只为他们留下唯一的选择。消费者仍然可以在企业推荐的自动化个性选择基础上对产品和服务进行定制。每一个顾客都希望在产品选择和触点选择方面实现不同程度的控制。智能技术的应用可以帮助企业对消费者的这种期望进行预测，在产品和服务的个性化和定制化之间实现微妙的平衡。

这种企业和消费者之间的互动共建过程不但体现在产品选择方面，而且融入了整个消费者体验开发过程中。每一个消费者在和相同的产品或服务互动时都希望享受到独特的体验。实现产品和触点的模块化有助于消费者自主选择希望获得的体验内容。消费者体验从本质上说应当是一种共同开发的活动，这样做可以极大地提升消费者的主人翁意识。

技术应用的社会化

社交媒体改变了消费者对企业的态度和期望。大部分消费者认为社交网络要比赤裸裸的广告和专家建议更有说服力。如今，采购决策的形成除了个人喜好因素之外，更重要的驱动因素是从众心理。社交媒体还能提高消费者期望值。在社交媒体上，消费者可以和其他用户沟通，获得即时反馈。人类本身就具有社会性特征，社交媒体的出现把我们的这种特征又向前推动了一大步。

在营销 5.0 时代，企业应利用社交媒体技术处理客服问题和后台工作流程，以此方式满足消费者的社交心理诉求。在具体营销过程中，社交用户关注是最受欢迎的技术应用，它能为客户互动提供不同的沟通渠道。在内部应用方面，企业可以使用社交媒体工具促进员工沟通，推动知识共享，鼓励团队协作。

能够促进和推动社交联系的技术始终会更受人们的欢迎。建立社交媒体渠道只是一个起点，而不是终结。人工智能技术可以帮助企业探索并充分利用此类社交互联数据。这种深入研究有助于企业更好地理解如何策划合适的信息，进而在社交网络中影响用户的行为。

促进人际互联

刚出生的婴儿是十分脆弱的，需要依靠父母或监护人满足他们的基本需求。在童年时期，我们通过和身边的人进行交流互动的方式进行智力和情感的学习。在和他人进行互动的过程中，我们不但会交流观点和体验，还会向对方投射情感表达。因此，大脑从我们很小的时候就开始适应社会交流了。

人类的社会化本质可以充分解释社交媒体作为一种技术应用为什么会取得如此巨大的成功。我们喜欢聆听别人的体会，喜欢向他人讲述自己的经历。作为视觉信息交换平台，社交媒体提供的新型沟通方式突破了面对面沟通的局限，很好地满足了人们的社交需求。

对企业来说，其他方面的技术应用也必须充分考虑用户对社交活动的需要。例如，博客、论坛和维基百科等技术应用，可以促进用户体验和信息的共享。此外还必须扩展社交媒体上的对话范围，这种对话不能局限于企业和消费者之间，还应当扩展到消费者和消费者之间。众包模式就是一个很好的例子，此类技术应用可以把具备不同技能的用户组织起来实现协作。此外，技术驱动型社交商务还可以促进买卖双方在数字市场中的交易活动。

推动对个人理想的追求

作为社会性动物，我们喜欢观察他人的经历，然后将其和自己的经历进行关联。在日常生活中，朋友的做法往往会成为我们衡量个人行为的标准。我们总是效仿他人的行为方式和生活方式，特别是那些生活经历丰富多彩的人。我们总是担心会错过和这样的人打交道，甚至产生焦虑和烦恼。可以说，在社交环境下形成的个人期望不停地影响着我们，激励我们去成就更伟大的目标。

这种以社交网络为基础的个人理想，可以通过技术应用得到很好的推动和激发。在人工智能技术的帮助下，企业可利用内容营销、游戏化和社交媒体点燃用户的内心渴望，鼓励他们获得更多的好友认同和社会地位提升。在具体实施过程中，对消费者颐指气使绝不可取，企业应利用人工智能应用潜移默化地向用户施加影响，以朋友、家人或圈内人士的身份向他们提出建议，只有这样才能产生出乎意料的效果。

在利用社交媒体影响力方面，企业的目标不能局限在销售产品和服务的水平。技术应用可以作为一种非常强大的行为改变工具，有效推动数字化行动并最终导致社会变革的出现。利用社交网络鼓励人们追求更负责任的生活方式，这一做法将会为以人为本的技术应用做出重要贡献。

技术应用的体验化

消费者对企业的评价并不仅限于其产品和服务的质量，而是涉及消费者体验历程中的每一个环节，包括每一个渠道中的每一个触点。因此，企业创新活动不能只关注产品和服务，还必须关注对整体体验的创新。除了强调产品差异化，企业还应当强化沟通和渠道存在感，改善客服工作。

数字化的出现催生了全渠道体验的需求。如今的消费者随时都在进行渠道切换，一会儿是线上一会儿是线下，这就要求企业必须提供顺畅自然、毫不间断的无缝衔接式体验。换言之，企业必须为消费者提供一体化的高科技和高触感互动。

在营销 5.0 时代，人工智能和区块链等后台技术可以在保障无缝衔接方面发挥重要作用。传感器、机器人、语音控制、增强现实和虚拟现实等前端技术，可以在整个消费者体验历程中很好地提升用户的身临其境感。

支持高触感互动

无法复制人类的触觉是机器设备的一个重大缺陷。目前正在开发的高级机器人和带有传感器的人造皮肤正在努力解决这一问题。开展此类研究不只是为了逼真地模仿人类触觉的真实感受，更重要的目标是要解读一个简单接触背后隐藏的各种复杂的情感。

仅靠一个简单的接触，我们就能体会到对方的心理情绪，这是人体的一项重要机能。美国心理学家马修·赫滕斯坦（Matthew Hertenstein）的研究表明，人类可通过身体接触感受到对方包括愤怒、恐惧、厌恶、悲伤、同情、感激、爱慕和愉悦在内的八种不同情绪，准确率高达78%。对于依靠逻辑分析、一致性和量化模型为工作原理的机械设备来说，如何习得这些高度主观的情绪反应无疑是非常复杂的。

因此，企业在交付产品和服务时必须在高科技互动和高触感互动之间找到平衡点。当然，技术应用在支持高触感互动方面也发挥着重要的作用。像低水平的文书工作完全可以用机器设备取代，使一线工作人员可以投入更多时间，更好地关注客服活动。利用人工智能进行消费者分析，有助于增强消费者触点的体验效果，从而帮助工作人员调整沟通方式，为顾客提供更好的解决方案。

提供持续参与

人类总是倾向于维持稳定的愉悦程度。当我们经历令人兴奋的、积极的体验时，愉悦程度会短暂上升，但最终会回到一个基线水平。同样的道理，当我们经历令人沮丧的、消极的体验时，愉悦程度会马上下降，但最终会反弹回初始水平。心理学把这种情况称为"享乐适应"（hedonic treadmill），这一表述最早由布里克曼（Brickman）和坎贝尔（Campbell）提出，说明人类生活体验带来的满足感总是会回归到一定的基线水平。

这一现象充分解释了，为什么再出色的体验也会让消费者很快感到兴味索然,他们永远也不会得到真正的心理满足。消费者想要的是贯穿整个消费过程的持续参与。企业只有适时更新和改善消费者体验才能保证顾客的忠诚度。

持续开发新奇的消费者体验对企业来说是一项非常重大的挑战。随着数字化时代的到来,企业可以显著缩短消费者体验创新的开发周期。在数字化应用的帮助下,企业进行快速实验、概念测试和原型开发等工作都会变得简单轻松。

如今,消费者体验的数字化创新活动已不再局限于简单的用户界面设计变更。从聊天机器人到虚拟现实应用和语音控制系统,各种新兴智能技术正在改变企业和消费者之间的沟通方式。人工智能、物联网和区块链等技术可以极大提高企业的后台工作效率,让消费者体验变得更加便捷顺畅。

小 结:
实现技术应用的个性化、社会化和体验化

如今,数字鸿沟依然存在,人类至少还需要十年时间才能实现互联网应用的全球普及,但互联网的普及并不代表数字鸿沟现象的消除。要想全面进入数字化社会,我们不能停留在网上交流和社交媒体的初级阶段,而是必须在人类生活的各个方面实现数字技术的全面应用。虽然数字化会不可避免地带来某些恐惧和顾虑,但它为人类社会带来的福祉也是显而易见的。

在营销 5.0 时代,企业必须向消费者展示技术的正确应用可以提高人类的幸福水平。技术的个性化应用,不但可以解决每个消费

者的具体问题,还能允许用户做可选的定制。企业必须让消费者确信,数字化并不会抹杀人类的社会关系,恰恰相反,它所提供的平台可以帮助消费者之间建立更为密切的社交关联。从这个意义上说,传统的人机对立观点已一去不复返。此外,为了提供更为卓越的消费者体验,企业还必须实现高科技互动和高触感互动的有效结合(见图4-2)。

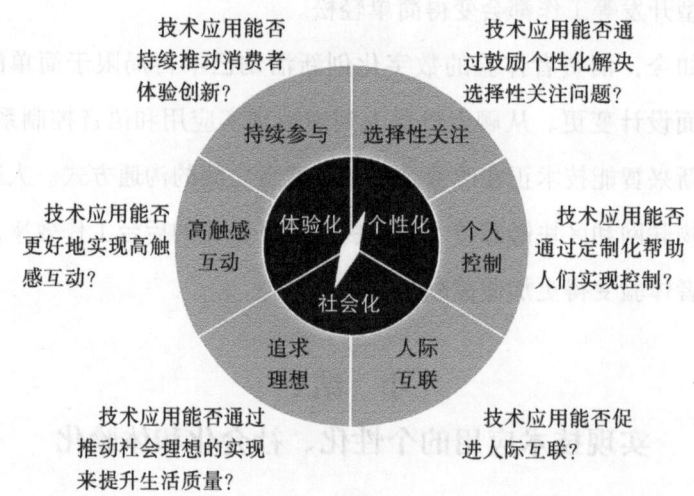

图 4-2 技术罗盘:实现技术应用的个性化、社会化和体验化

思考问题

1. 你对数字化技术应用有哪些观点?数字化技术会对你的企业带来哪些帮助或阻碍?
2. 分析一下你所在的企业目前采用的数字化技术能否为消费者带来注重个性化、社会化和体验化的解决方案。

PART 3
第三篇

数字化营销时代的新战略

MARKETING
5.0
第五章

做好数字化准备的企业：
企业数字化没有"一刀切"方案

20世纪50年代，科学家曾在日本小岛Kojima对一群猴子进行实验，定期在海滩上放置甘薯投喂猴群。一天，一只叫伊莫的幼猴发现洗过的甘薯更好吃，于是开始把这种新的卫生习惯教给它的家人和朋友。这一行为变化过程十分缓慢，最终当大多数猴子改变习惯之后，这种行为就变成了整个猴群的新标准。这一现象被称为"百猴效应"，指猴子数量需要达到一定的临界值猴群的行为方式才会改变。

与此类似，年轻人目前是推动全社会数字化转型的主导力量。Y世代和Z世代人群一起构成了有史以来最为庞大的消费者市场。企业的营销策略正在瞄准这些群体的消费偏好。同时，他们也是当今劳动力市场中规模最大的群体，能够在企业内部形成巨大的影响力。因此，这一群体在推动数字化技术成为社会主流方面具有举足轻重的作用。但数字化生活方式要想成为新的行为准则，这种变化必须规模宏大，而且均匀分布于每个年龄阶段和每一个社会阶层。

纵观全球，数字化的发展速度相当快。一方面，似乎所有人都在拥抱数字化生活方式，离开网络的生活简直令人难以想象。但是另一方面，传统生活方式的影响依然存在，很多消费者仍留恋过去传统的产品和服务的买卖方式。此外，企业在数字化转型方面也是一拖再拖。要知道，这种转变是进入营销5.0时代必不可少的先决条件。出人意料的是，新冠肺炎疫情的大暴发彻底改变了这种情况，迫使每一个消费者和企业都开始认真思考数字化问题。

案例研究：新冠肺炎疫情对数字化的加速作用

新冠肺炎疫情的大暴发使全球企业受到了沉重的打击。面对突如其来的疫情，大部分企业不知所措。每一家公司几乎都出现了收入下滑和现金流问题，企业员工也在疫情中苦苦挣扎，难以为继。面对凶猛的疫情，企业纷纷陷入进退两难的境地，找不到维持生存的应急方案，更谈不上恢复健康的发展。

这场疫情以及伴随而来的社交距离新规，正在迫使企业更为迅速地转向数字化经营。面对全球范围内的封锁和出行受限，消费者的日常活动变得越来越依赖网络平台。我们有理由相信，这一行为变化并不局限于疫情时期，而是会在将来成为新的社会规范。

在疫情影响下，消费者经常待在家中几个月无法出门，对数字化生活方式变得越来越适应。他们通过网络平台采购每日所需，使用外卖软件获得餐饮,数字银行和无现金支付业务开始猛增。社交方面,人们通过 Zoom 和 Google Meet 等视频会议软件进行线上交流。孩子们在家里上网课,父母们则开始居家办公。休闲娱乐方面,人们上网观看 YouTube 视频或是在网飞(Netflix)看电影。至于最为重要的健身和医疗服务问题,大众开始在网上咨询私人教练,以远程视频方式寻医问诊(见图 5-1)。

图 5-1 新冠肺炎疫情下的数字化生活

疫情时代的企业将再也回不到昔日的模样,那些严重依赖(与消费者)现场互动的行业不得不改变经营策略。为弥补堂食收入的下滑,餐饮行业只能加大外卖送餐服务的力度。有些餐厅甚至转型到云服务和虚拟食堂,只提供送餐业务。为应对疫情,旅游行业开始采用扫地机器人为房间和车辆清扫消毒。印度的班加罗尔机场还推出了从停车场到登机口一条龙的无接触式服务。

随着公共交通乘客数量的锐减,城市交通部门推出了微运输服务。乘客可以通过手机应用程序按需预订公交和班车,这些应用不但可以跟踪车辆的实时位置,还能提供实时载客量等信息。显然,疫情下的出行既要保证车辆可用又要实现对接触人员的信息追踪。为满足消费者对数字互动日益增长的需求,汽车制造商和经销商大力投资开发网上销售平台。无论哪个行业都有一些品牌在扩大数字内容营销,希望通过社交媒体吸引更多的消费者。

当企业赖以生存的基础岌岌可危时,它们的数字化转型开始变得迫在眉睫。新冠肺炎疫情带来的危机彻底暴露出很多行业和企业在数字化转型方面的不同准备程度。

不了解数字化技术的消费者将会成为疫情期间遭受打击最为严重的群体,保持社交距离的规定会显著改变他们熟悉的面对面交易行为。相比之下,网络原住民会在这种情况下感到如鱼得水。

与此类似,尽管所有的企业都受到了不利影响,但疫情的暴发显然对某些行业带来了更为沉重的打击。传统的、需要和消费者进行现场互动的企业,以及劳动密集型行业损失更为惨重。业务流程高度数字化的企业和具备精益组织结构的行业会受到较小的冲击(见图 5-2)。

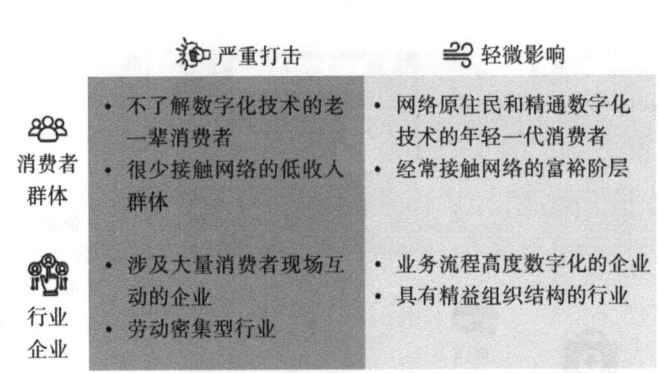

图 5-2 新冠肺炎疫情对不同消费者群体和行业企业的影响

数字化程度评估

不同的准备水平决定着企业要采取不同的数字化开发策略。

为此，我们有必要设计一份数字化程度评估表。评估表必须同时考虑到供给侧和需求侧。首先要确定的是需求侧，即市场，有没有准备好以及是否希望营造更多的数字化触点。其次是供给侧评估，即企业有没有能力实现业务流程的数字化，能否满足需求侧对数字化经营的需要。综合这两方面的考虑，我们可以设计出一份象限图，反映出企业在数字化准备方面的真实现状。

为便于说明评估框架中的四个类别，我们在此对高科技、金融服务、零售、汽车制造、酒店服务和医疗保健这六个行业的数字化准备程度进行分析。每个行业的分析都是以美国社会的现状为基础的，随着市场情况的变化这些评估结果也会发生改变。此外，其他市场中的消费者可能具备不同的数字化准备程度，每个行业中不同企业的数字化准备程度也不尽相同（见图5-3）。

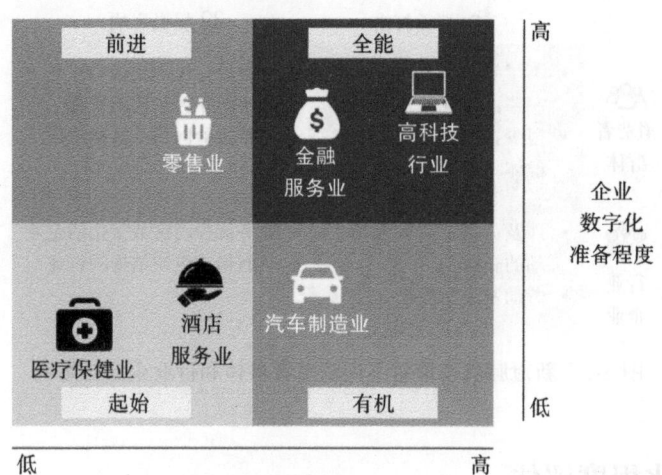

图5-3 美国不同行业的数字化准备程度

"起始"区

处于这个象限的都是疫情期间遭受打击最为沉重的行业。这些行业的企业面对危机准备不足，主要是因为业务流程涉及大量与消费者的现场互动，此类互动很难消除或是以其他方式取代。与此同时，这些行业的消费者也很难向数字化触点转型，因为他们不具备在疫情期间进行采购的迫切性。酒店服务业和医疗保健业是处于这个象限的最典型案例，这些行业严重依赖和消费者的现场沟通。对于处在这些行业的企业来说，这无疑是先有鸡还是先有蛋的两难问题——是先投资搞数字化转型，还是等消费者先熟悉数字化生活方式？

数字化转型对酒店服务业的冲击早已存在。旅游评论网站和在线预订平台的出现，极大地促进了服务质量的提升和服务价格的透明。爱彼迎（Airbnb）等网上住宿预订服务，为传统的大型连锁酒店经营带来了显著的竞争压力。但是对消费者体验历程而言，数字化主要体现在前端和后端两个部分。他们会使用数字化手段规划和预定行程，在旅行结束后到网上评论或推荐目的地和攻略，整个体验历程的中间阶段几乎没有任何数字化体现。

另外，数字化对酒店服务业的影响基本上只停留在表面，根本谈不上"转型"的程度。这个行业中数字化技术的应用形式十分初级，主要体现为互联网上的数字化广告、内容营销和电子渠道。尽管有个别企业在高科技应用方面做出过零星尝试，如服务机器人和物联网，但消费者的反应并不热烈。

医疗保健业在数字化准备程度方面的处境和酒店服务业相差无几。人工智能技术可以很好地推动医疗行业的转型，一些早期案例也证明了技术应用的广阔前景。尽管潜力无限，医疗保健在根本上仍是一个非常传统，需要和消费者进行大量现场互动的行业。在新冠肺炎疫情暴发之前，远程医疗无论对医院还是患者来说都不算是一种选择。即使疫情结束之后，远程医疗能否继续保持发展仍是一个未知数。除了管理方面的问题，医疗机构能否提供数字化基础设施，以及是否具备熟悉数字化应用的专业人员，这些也是需要关注的问题。患者是否愿意付费使用远程医疗服务也是个问题。

"前进"区

这个象限中的行业和企业，特征是已实现相当规模的业务流程数字化，但是在消费者数字化转型方面仍存在很多问题。这些行业已经具备数字化生态系统，一直在鼓励消费者实现数字化选择，但大部分消费者仍受限于传统行为模式的影响，数字化应用程度不高。

零售行业就是很好的例子。以数字服务起家的亚马逊网站多年来一直是美国电子商务的行业龙头。为强化百货零售业务，亚马逊甚至收购了全食超市公司（Whole Foods Market）。另外，早在新冠肺炎疫情出现之前，传统的实体零售企业已经未雨绸缪开始数字化转型。零售业巨头沃尔玛公司针对电子商务推出了沃尔玛网站，与Shopify公司（加拿大电子商务平台）合作拓展电商业务。通过强强联手，这些举措极大地提升了全渠道零售体验。

配套服务设施的改善对电子商务也起到了推动作用。尽管一些美国的零售业巨头有自己的运输服务，但DHL等全球快递公司仍不遗余力地投资建设电子商务配送网络。通过搭建社群销售平台，社交媒体也在尝试涉足网上零售业务。例如，塔吉特公司（Target）已成为美国首个在热门社交平台 Instagram 上销售产品的大型零售企业。

尽管行业性数字化生态系统日趋成熟，美国人口调查局的报告显示 2020 年第一季度美国电子商务营业额在零售行业总营业额中所占的比例还不到 12%。根据美国皮尤研究中心的调查，尽管 80% 的美国人都曾在线购物，但大部分人还是喜欢去实体店买东西。新冠肺炎疫情的暴发带来了新的契机，居家防疫的常态化会使绝大部分消费者转而寻求数字化购物体验。零售行业的企业必须密切关注这一发展趋势，观察疫情走向能否成功催化网络零售业务的全面转型。

"有机"区

处于这个象限的行业，其特征是产品和服务交付在很大程度上仍采用传统的实体化方式。通常，此类行业大多是劳动密集型产业，难以实现对员工的远程管理。相比之下，这些行业的消费者大部分熟悉数字化生活方式，他们会成为推动企业积极采用数字化技术的主要力量。

以汽车制造行业为例，大多数汽车消费者对网络应用并不陌生。他们首先在网上搜集信息，充分了解之后才会去经销商那里选购。谷歌和 comScore 公司的联合调查表明，95% 的购车人将数字化平台作为获取信息的主要来源，但超过 95% 的车辆交易最后都是在实体店完成的。

新冠肺炎疫情的到来正在加速改变这种现状。随着越来越多的消费者青睐无接触式互动，Carvana 和 Vroom 等车辆交易平台都出现了网络销售量的猛增。不同于酒店服务业和医疗保健业，在汽车销售行业中一旦潜在消费者掌握了足够的产品信息，实地交流便既没必要也无价值了。

随着电动车辆、自动驾驶车辆，以及车辆间通信等新技术的涌现，现代的汽车产品正变得日益高科技化。当车辆使用成为一种高科技体验时，购买方式就成了消费者体验历程中唯一需要转变的传统行为。

面对现状，汽车制造商和经销商开始着手打造数字化服务能力。目前除了网上交易平台，大部分制造商和经销商都缺乏足够的网络存在感。消费者对汽车行业数字化的期望，并不仅限于在电子商务平台上预约试驾和下订单，还体现在其他数字化销售和营销手段上。其实在这个方面很多车企都大有可为，例如可开发虚拟现实技术帮助消费者以视觉化方式网上选车。更重要的是，通过对车辆互联数据进行分析，人工智能技术可提供预测性车辆保养和预防性安全监控等独特的附加服务。

"全能"区

这个象限是所有企业都梦寐以求的理想区域。在其他象限中，企业要么缺乏完善的数字化服务流程，要么是消费者无法适应数字化浪潮下的生活方式，这两方面的问题对于全能型企业来说都不存在。处于这个象限的行业没有受到新冠肺炎疫情的严重冲击，其中以高科技行业和金融服务业为尤。高科技公司本质上就支持社交距离政策和居家办公理念，因此在数字化准备程度方面最为完善。数字化是技术型企业的主要属性，这类企业的目标就是要替代和革新传统的行业和业务流程，新冠肺炎疫情的出现对它们来说反而起到了推动的作用。像亚马逊、微软、网飞、Zoom 和 Salesforce 等科技型公司，其业务无一例外地出现了雄劲的增长。

当消费者都被困在家中，无现金支付成为新常态时，数字化金融服务开始异军突起。实际上早在新冠肺炎疫情出现之前，各大银行已经在不遗余力地鼓励消费者体验向数字化转型，甚至不惜推出各种激励手段。目前，美国所有大型银行都能提供在线服务和手机银行功能。

对于银行服务，消费者的渠道选择完全取决于便利性。他们选择去街对面的实体银行办业务，不是因为怀念和业务人员唠家常的亲热，而是因为在那里办事更方便。显然，只要数字化银行能够为所有顾客提供这种便利性，电子服务渠道就一定是最受消费者青睐的。

数字化应用的触角在金融服务业还有更为深入的扩展。目前，很多机构开始使用聊天机器人削减呼叫中心的服务量，利用区块链技术强化交易安全，应用人工智能手段监测诈骗行为。除高科技和媒体行业之外，金融服务已成为数字化程度最高的行业之一。

你所在的公司数字化程度如何？

前面的分析让我们对具体行业在数字化准备程度方面有了一个

大概认识。但是即使在同一个行业中，不同的企业在数字化准备程度方面的表现也不尽相同。鉴于此，每个公司都应当就其数字化转型能力和消费者的数字化转型意愿做一个自我评估。如图 5-4 所示，和图中描述越为吻合的企业，其数字化准备程度就越高。

企业数字化准备程度

数字化消费者体验	
1	在消费者体验历程中，企业能在很大程度上以数字化方式吸引顾客参与互动。
2	每一个数字化触点都能实现和消费者体验顺畅的无缝整合。
3	企业可通过数字化商业模式创造价值并实现收入。

数字化基础设施	
1	具备可用于实时获取、存储、管理和分析大量消费者数据的技术。
2	对业务流程进行数字化和工程改造以满足数字化商业模式的需要。
3	有形资产的数字化，例如通过物联网实现对建筑、车队和机器设备的管理。

数字化组织	
1	大部分员工拥有数字化工具，可远程工作和虚拟协作。
2	培养数字化人才，特别是数据工程师、用户体验设计师和 IT 架构师。
3	具备可团结业务经理和数字化人才的强大的数字化企业文化。

消费者数字化准备程度

数字化消费者群体	
1	绝大多数消费群体是熟悉数字化生活方式的 Y 世代和 Z 世代人群。
2	大部分消费者通过数字化平台与企业互动和交易。
3	在消费或使用产品服务过程中，要求消费者通过数字化界面进行互动。

消费者数字化体验历程	
1	消费者体验历程已部分或全部线上实现。（线上咨询线下购、线下体验线上购）
2	令消费者感觉沮丧的线下触点可通过数字化技术替代或改善。
3	互联网上有大量信息供消费者了解，方便他们进行决策。

消费者的数字化转型倾向	
1	消费者认为与实体店互动是多余、无用和毫无价值的做法。
2	产品和服务并不复杂，使用风险和信任方面的问题有限。
3	大部分消费者拥有数字化转型的激励动机，如更多的选择、更低的价格、更好的质量和更高的便捷性。

图 5-4　数字化准备程度评估表

推动消费者数字化转型的策略

处于起始区和前进区的企业需要鼓励消费者向数字化渠道转型。这些消费者仍钟情于传统的线下互动方式，缺乏数字化转型的动力。为此，企业的应对策略应关注两个方面，一是提供足够的激励动机，二是通过线上消费体验创造更大的价值。

为消费者数字化转型提供激励动机

为提高数字化互动水平，企业必须向消费者展示线上业务经营带来的好处。它们可以采用正面和负面两种激励手段对消费者进行引导。正面激励形式可快速提升消费者的满足感，如现金返还、打折以及数字平台上举行的促销活动等。负面激励形式主要体现为线下互动方式收取额外费用，在极端情况下企业甚至可以完全取消线下互动方式。

除了货币激励方式，企业还可以向消费者告知公司的数字化能力，向其说明数字化经营会带来哪些好处。

利用数字化技术解决服务痛点

企业应找出传统消费体验过程中的痛点，利用数字化手段解决问题。线下互动有一些内在的不足之处，特别是工作效率方面。长时间的排队等候是传统互动过程中非常令人恼火的现象。另外，复杂的业务流程不但会让顾客感到晕头转向，而且会浪费他们的大量时间。对于那些希望直截了当地获得快速解决方案的消费者，数字化应用可以取代一些烦琐的业务流程。

此外，人际互动还经常存在服务失败的风险。消费者投诉的主要问题包括工作人员水平有限、应答方式不够标准，以及待客态度不好等。随着企业规模的扩大，当客服一线的问题日益突出时，采用数字化互动方式可以较好地刺激消费者的行为变化。

以数字化方式重新打造理想的线下互动体验

即使传统的面对面沟通方式可以创造价值且令人感到愉悦，企业仍可以开发数字化沟通平台。客服人员可以在任何地点通过视频方式与消费者进行互动，例如，金融服务中的视频银行服务以及远程医疗中的虚拟问诊服务。这些方式在保持人际沟通优点的同时可以极大地节省业务成本。

更为先进的方式是使用聊天机器人取代一线客服人员回答消费者的基本问询。目前，使用语音技术的虚拟助理已经可以回答顾客的简单问题并执行某些命令。尽管还有一些局限性，自然语言处理技术可以让这种人机对话变得更加自然顺畅。

打造企业数字化经营能力的策略

处于起始区和有机区的企业要面对的问题是如何打造服务能力以满足数字化消费者的需求。为此，它们必须投资建设数字化基础设施，包括硬件、软件和信息技术系统，这些都是确保数字化消费者体验的基础。最后，它们还必须开发组织能力，包括数字化知识、技能和敏捷文化。

投资建设数字化基础设施

企业可通过开发消费者数据基础设施的方式启动数字化建设

投资。数字化应用可以带来新的解决方案，如一对一的个性化和预测性营销。这些解决方案必须依赖消费者对企业的快速和动态化理解，因此企业必须利用技术手段对大数据进行实时管理和分析。

此外，企业还必须转变传统的业务流程。数字化不只是对当前经营方式的自动化，企业必须重新设计整个业务实施方案以满足数字化时代的新要求。传统企业拥有大量需要数字化转型的实体资产，随着物联网对这些资产的数字化互联，企业的资产价值会进一步提升。在物联网技术的帮助下，企业可利用智能建筑或智能车队为消费者提供全渠道体验。

营造数字化消费者体验

在后疫情时代，努力营造数字化消费者体验的企业将会蓬勃发展。数字化不能只停留在简单的鼓励顾客参与的水平，而是必须实现全方位的转型，改变从营销到销售、经销、产品交付和服务等一系列环节中的触点。所有这些数字化触点必须保持同步，组合成完美无瑕的消费者体验。

最为关键的是，企业必须重新思考创造价值的方式，即怎样才能在营造消费者体验的过程中产生收入。数字化企业应具备完全不同的经济意识，必须思考各种新兴的商业模式，如"一切皆服务"式订阅功能、电子化市场以及按需模式。

建立强大的数字化组织结构

企业的数字化转型能否成功，或许最重要的决定因素是组织结构。员工必须有能力使用数字化工具远程工作，在虚拟环境下与同事协作。在传统企业的转型过程中，必须确保新的数字化工具和老信息系统的有效整合。

为加速组织学习过程，企业必须招募新的数字化人才，如数据工程师、用户体验设计师和信息系统架构师。企业还必须关注公司文化，很多时候公司文化恰恰是阻碍数字化转型的主要因素。简而言之，数字化企业需要的是敏捷文化，一方面可提供快速实验校准，另一方面可推动企业管理者和数字化人才之间的持续协作。

强化数字化领导力的策略

面对不断提高的消费者期望值，全能区的企业绝不能止步不前。在其他企业奋力追赶时，占据优势的公司必须提高竞争标准。如今，Y世代和Z世代的数字化消费者不再满足于基本的服务。企业必须采用更为先进的技术（下一代技术）开发新式消费者体验（消费者新体验）。

采用下一代技术

对于全能区的企业，社交媒体和电子商务平台上的内容营销是保证企业竞争的必备条件。为拉开竞争差距，这些企业必须采用更为先进、尚未成为主流的技术。它们应使用人工智能推动营销活动，例如应用自然语言处理技术开发聊天机器人和语音助手服务。

人工智能、生物特征识别、传感器和物联网的组合应用，可以帮助企业以数字化方式改造传统的消费互动触点，使其既具备个性化体验又能提供互动所需的不同背景。增强现实和虚拟现实的应用可以使营销活动和产品开发变得生动有趣。这些技术将会彻底颠覆游戏规则，数字化转型的先锋企业必须担负起这一责任。（关于下一代技术的更多介绍，参见第六章。）

引入全新的消费者体验

顺畅的购物体验是每一个消费者心中的梦想。由于各个触点彼此脱节，企业部门各自为政，以前线上线下的自由转换几乎很难实现。在不同渠道之间切换时，消费者每一次都要自我介绍，否则工作人员难以快速辨别他们的身份。数字化平台提供的顺畅的消费体验产生了优于各部分简单叠加的总价值，这种消费体验未来必将成为全新的社会现实，即新式消费者体验。

企业必须关注从以下三个层次提供新式消费者体验：信息性、互动性和拟真性。当消费者希望寻找答案、渴望交流或追求感官体验时，企业必须准备好满足他们的需求。（关于消费者新体验的更多内容，参见第七章。）

强化数字化第一的品牌定位

数字化第一的品牌定位是指，企业应把全部资源优先投入数字化消费者的需求服务方面，其他的问题都是次要的。这么说并不是要求企业发展成为高科技公司，或是开发最好的信息技术基础设施，而是要具备"数字化即核心业务"的全盘观念和战略视野。在衔接线下实体功能和线上数字业务时，消费者体验设计应占据中心位置。开发数字化资产应成为第一要务，数字化产品必须成为产品线上的首要目标。最重要的是，企业内部的每一名员工和每一个流程都必须做好充分的数字化准备（见图5-5）。

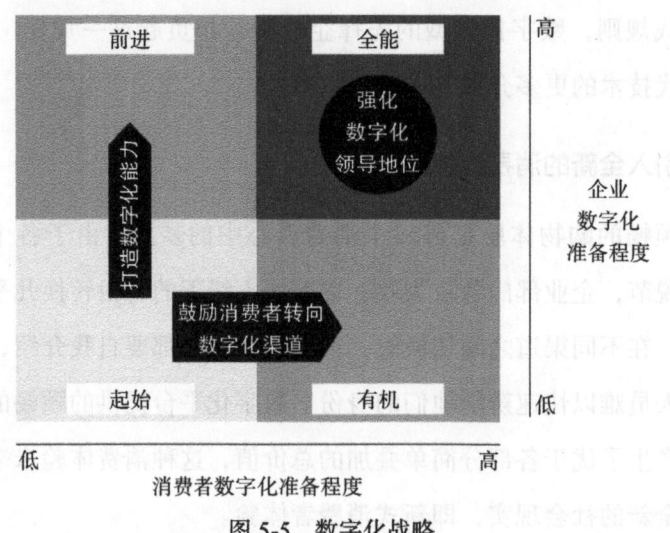

图 5-5　数字化战略

新冠肺炎疫情的出现使消费者清晰分辨出哪些企业真正把数字化第一作为发展战略,哪些企业只不过是喊喊口号。这次疫情对所有企业都造成了始料未及的冲击,只有那些把数字化第一作为品牌定位的企业才能在面对危机时继续发展。

小　结:
企业数字化没有"一刀切"方案

在全球范围内,新冠肺炎疫情的出现意外地成为数字化转型的加速器。无论企业或市场,都在适应出行严格受限的新环境,被迫紧紧地依赖数字化。对很多迟迟不愿进行转型的企业来说,这次危机无异于敲响了数字化竞争的警钟。当数字化新生代消费者在全世界范围内成为市场主力时,只有那些做好充分数字化准备的企业才能从容应对。

谈到数字化转型,我们必须清楚不存在"一刀切"的解决方案。每一个行业和企业在数字化发展程度方面的表现各有不同。为此,企业首先要评估消费者的数字化准备程度,然后对自身的数字化服务能力进行评估。根据不同的评估结果,企业必须制定和实施符合自身情况的发展策略,或是鼓励消费者转向数字化渠道,或是加速企业的数字化转型步伐。

思考问题

1. 评估你所在的企业及其消费者在数字化方面的准备程度,这种程度是否令人满意?
2. 思考怎样才能改善企业的数字化准备程度,并准备一份转型实施方案。

MARKETING
5.0
第六章

下一代技术：
类人技术成为大势所趋

第二次世界大战期间，德军大量使用密码机对军事通信内容进行加密。截获和破译加密代码可以帮助英国和盟军提前了解德军的动向。为避免更多的战争伤亡，一群科学家开始和时间赛跑，他们发明了用于解密德军密码的 Bombe 破译机。经过对这台机器几次"训练"之后，破译机终于成功破解了密码。数学家艾伦·图灵（Alan Turing）是参与破译机设计的成员之一，人们普遍认为他是最早参与提出人工智能观点的思想家。他的设计目标是要开发一种可以进行经验学习的机器，这一理念为现代机器学习开辟了道路。

如同人工智能的早期运用可以帮助盟军获得胜利一样，现代技术也可以帮助企业完成以前无法实现的目标。下一代技术，即在未来十年中即将成为主流的科技，将会成为构筑营销5.0时代的根基。它能让企业摆脱传统经营过程中的种种限制。重复单调、容易出错的工作任务将会被自动化机器取而代之，远程控制技术可以帮助企业克服地理区域的限制，区块链技术可以保障金融服务等数据敏感行业的安全，机器人和物联网技术可以减少高危工作环境对人力资源的需求。

最重要的是，下一代技术可以实现更人性化的营销方式。增强现实和虚拟现实，即混合现实技术，可以让消费者视觉化体验企业的产品和服务。例如房地产行业，消费者可以足不出户通过这种技术坐在家里看房。传感器和人工智能技术可以帮助企业实现广告内容的个性化定制，例如面部识别型广告牌的开发。

下一代技术应用的崛起

值得注意的是，很多下一代技术其实早在半个多世纪前就已经出现了。例如，人工智能、自然语言处理和可编程机器人问世于20世纪50年代，面部识别技术的早期成果出现于20世纪60年代。那为什么这些技术直到近年来才异军突起呢？这是因为支持这些技术的底层科技当时尚未取得突破性发展。那时的计算机运算能力还不够强大，数据存储方式既笨重又耗资不菲。简单地说，下一代技术的崛起离不开六大科技的成熟，即运算能力、开源软件、互联网、云计算、移动设备和大数据（见图6-1）。

图 6-1 下一代技术的六大支持要素

运算能力

技术发展的进步需要功能强大且成本低廉的硬件设备的支持。运算能力的指数级增长,特别是高效图形处理器的出现,使人工智能等需要大量运算能力支持的技术成为可能。半导体技术的进步和处理器尺寸的不断缩小意味着计算机的功能越来越强大,能耗越来越低。这就实现了人工智能设备的小型化本地部署,为需要实时反馈的应用程序提供支持,如自动驾驶车辆和机器人等技术。

开源软件

驱动强大的硬件设备需要同样强大的软件系统。人工智能应用的软件开发通常要投入数年的时间,开源软件的出现为复杂软件的开发起到了重要的加速作用。通过协作、微软、谷歌、Facebook、亚马逊和 IBM 等大型企业一直以开源方式共同投入人工智能研究和算法开发。在世界各地开发人员的共同努力下，开源方式快速实现了系统功能的改善和提高。在机器人、区块链和物联网等技术领域，开源开发模式也同样适用。

互联网

互联网或许是人类历史上最为颠覆游戏规则的技术发明。光纤到户和5G无线连接技术实现的网络聚合可满足互联网带宽不断增长的传输需求。互联网连接了数十亿的用户和设备，为物联网和区块链等网络相关技术奠定了发展基础。此外，增强现实、虚拟现实和语音助手等交互性技术需要极低的网络延迟，因此也离不开高速互联网的支持。

云计算

云计算是支持下一代技术的另一项重要技术，它可以实现对计算机系统的共享访问，尤其是位于网络中的软件和存储资源，支持用户远程工作。新冠肺炎疫情的暴发以及由此带来的远程工作需求，使企业对云计算技术更加依赖。使用云计算服务的企业无需投资购买运行复杂程序（如人工智能应用）所需的昂贵的软硬件设备。它们可以按月付费使用云计算提供的服务，使用云计算平台提供的共享设施。随着业务需求的增长，企业可以灵活地升级付费使用模式。此外，云计算服务提供商定期进行设施升级维护，企业无需顾虑技术升级问题。目前，人工智能应用的五大厂商也是云计算市场的主要服务提供商，即亚马逊、微软、谷歌、阿里巴巴和IBM。

移动设备

移动设备的发展使分布式运算成为一种趋势。移动计算发展的势头十分迅猛,以至于高端手机的功能已变得和电脑一样强大。智能手机已取代电脑成为大多数人主要的运算和互联网访问设备。由于轻便,这些设备提供了很好的移动性,进而提高了个人工作效率。移动设备还能实现消费者体验的分布式交付。目前,智能手机的功能已强大到可支持面部识别、语音助手、增强现实、虚拟现实和3D打印等应用。

大数据

大数据是推动下一代技术实现的最后一项科技。人工智能技术需要各种类型的海量数据支持,以培养机器的学习能力,并不时地改进算法。这些数据来自我们日常的网页浏览、邮件、社交媒体、短信等应用程序,尤其是来自移动设备上的数据。通过提供心理描绘和行为模式等外部数据,企业的内部交易数据可以得到进一步补充。不同于传统的市场研究数据,互联网数据的好处在于可以大量实时在线收集。此外,随着数据存储成本的不断下降和存储能力的快速增长,大数据技术可实现对海量信息的轻松管理。

上述六项技术的普及和不断优化的成本效益,极大地推动了学界和企业实验室对未来应用的开发热情,使从前研究陷入停顿的先进技术走向成熟并被大规模投入应用。

下一代技术在企业中的应用前景

人类是独特的物种,有着无与伦比的认知能力。我们可以做出艰难的决定，解决复杂的问题。最重要的是，人类可以学习以往的经验。我们的大脑是通过情境学习的方式开发认知能力的，首先习得知识，然后在个人生活经验中寻找相关性，最后形成主观认识。

人类的学习方式同样异常复杂，需要调动五种感官去感受外界刺激。我们使用语音和视觉线索进行教与学，通过触觉、嗅觉和味觉来感知世界。我们还接受心理运动培训，例如学习写字、走路和其他运动能力。所有这些学习都是终身发展过程。正因为如此，人类可以根据外界环境刺激进行交流、感知和运动。

多年来，科学家和技术人员一直都在研究如何把人类的学习能力复制到机器中。人工智能技术中的机器学习正是在尝试模仿这种情境学习方式。人工智能设备的设计并不是要其能够实现自主学习，而是希望其能够像人类那样经过培训才能了解使用算法可以学习到哪些知识。也就是说，机器必须在大数据提供的情境样本中寻找相关性，然后它们才能"理解"算法，明白数据的真正含义。

传感器可以通过模仿人类感官的方式帮助机器进行学习。例如，面部和图形识别可以帮助机器以人类视觉学习模型为基础对物体进行分辨。此外，利用自然语言处理技术和机器人技术，计算机的认知能力可以使其模仿人类的社交沟通和行动方式。尽管机器达不到拥有和人类同等水平的意识能力和机智程度，但它们拥有更好的承受力和可靠性，可以在短时间内进行大量的知识学习。

人类的独特之处并不局限于此。我们可以理解抽象概念，如道德、文化和爱，这些都是无形的。这种超越理智的想象能力使人类变得富有创意,但有时也会让人们远离理性。另外,人类是一种高度社会性动物,天性喜欢呼朋引伴,与他人建立人际关系。

机器的学习过程也涉及以上人类能力的培训。例如,增强现实和虚拟现实技术试图通过线上和线下两种不同现实的重叠,来模仿人类的想象力。物联网和区块链技术的开发,也是我们构思机器在彼此之间进行社交互动的一种尝试。

综上,下一代技术包括了人工智能、自然语言处理、传感技术、机器人、混合现实以及物联网和区块链技术。通过复制人类的相应能力,这些技术可以极大地推动下一代营销的发展(见图6-2)。

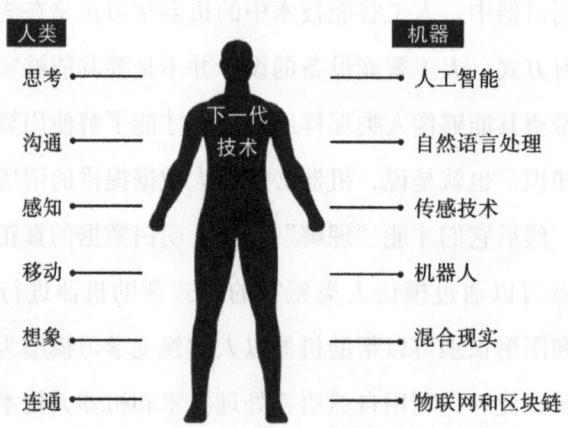

图6-2 技术仿生人类的六种方式

人工智能

人工智能是近年来最受关注,也是最令人难以理解的技术。的确,科幻电影里那种类人水平的机器智能令人不寒而栗。这种人工智能一般被称为通用人工智能，具备和人类水平相当的意识能力，但这种人工智能目前仍在开发中，至少还需要 20 年才能取得成功。

实际上人工智能应用完全不必如此复杂。目前，人工智能的狭义应用在生活中已经非常普遍，在几大行业中大量用于执行自动化工作。例如，金融服务机构一直在使用人工智能自动化识别欺诈行为和评定信用级别。在人工智能的帮助下，你在谷歌搜索引擎输入的每一个字后面都会自动出现推荐的搜索内容。亚马逊网站使用人工智能向用户推荐其可能感兴趣的图书，优步（Uber）打车服务使用人工智能设定动态定价模式。

在狭义应用中，人工智能可以使用计算机算法执行一些以前需要投入人类智力的特定任务。计算机的学习方法有两种，监督式学习和无监督式学习。在监督式学习中，程序人员会以输入/输出或 if-then 格式映射算法。专家系统是这种学习方式的一种早期应用形式，常见于客服领域的聊天机器人。在和简单的机器人进行互动时，消费者只能按照预定好的问题清单提问。顾客问题高度重复以及需要标准化答复的企业可以使用专家系统实现自动化服务。

在无监督式人工智能系统中，计算机通过比对历史数据的方式自主学习和发现未知模式，把人类参与活动的程度降到最低水平。人工智能可通过分析，把非结构化数据转换成结构化信息。此类应用在营销领域有很多，其中最为重要的应用形式是对大数据进行解读并从中抽取关键信息。利用社交媒体帖子、交易历史记录和其他消费行为数据，人工智能可以对消费者进行分组，依靠数据帮助企业进行市场细分和定位。在此基础上,企业可针对不同市场提供定制化和个性化的产品推荐、定价和内容营销活动。当消费者对产品或服务做出反馈时,计算机会不断进行学习并修改内部算法。

尽管通用人工智能尚未实现,但是企业内部集成式人工智能已开始应用。阿里巴巴旗下支付宝产品的母公司蚂蚁金服就是一个很好的例子。这家公司使用人工智能和其他相关技术实现了所有核心业务流程的自动化,包括支付安全、理财推荐、贷款审核、保险索赔、客服和风险管理等。它的车险业务很有创意,使用了图像识别和机器学习等智能技术。消费者只需手机拍照就能提交车险索赔,人工智能算法会对图像进行分析,判断请求是否合理。

人工智能技术可以说是自动化应用的大脑,只有和机器人、面部识别、语音、传感以及其他技术结合在一起才能成功打造下一代消费者体验。如今,人工智能技术不再局限于科学研究实验室内,而是广泛深入千千万万消费者的日常生活。人工智能技术虽然可以创造价值,但其应用必须经过审慎管理。人类偏好和历史决策导致的倾向有可能渗入人工智能算法中,缺乏包容性的技术开发会使人工智能应用扩大收入不公现象。

自然语言处理

自然语言处理也是一个令人兴奋的技术发展领域。该技术的目的是教会机器复制人类的沟通方式,包括书面语言和口语表达。自然语言处理是人工智能技术发展中的重要一环,特别是那些需要语言输入的人工智能应用,如语音助手。由于人类语音具有模糊、复杂和层次化等本质特征，使用机器进行自然语言处理无疑是一项非常艰巨的工作。在识别细微的语言差别时，机器需要大量的真实对话脚本和视频数据进行样本分析。

自然语言处理技术最为广泛的应用是聊天机器人。聊天机器人既可用于应答服务也可用于产品销售。其应用可以大幅削减企业对高成本的呼叫中心和电话推销的服务需求，特别是为低层次消费者服务的需求。目前，Lyft（美国打车服务公司）、丝芙兰和星巴克等公司已开始使用聊天机器人处理顾客订单和互动业务。在B2B领域，数字营销公司HubSpot和数字挖掘方案服务商RapidMiner使用聊天机器人甄别销售线索的质量，引导潜在消费者进入相应的销售渠道。网上短信平台的普及，如WhatsApp、Facebook Messenger和微信等程序，是推动聊天机器人大量出现的重要动力。出于同样的原因，人们期望能像和他人沟通一样与聊天机器人进行对话。

正因为如此，自然语言处理具有非常重要的意义。不同于简单的聊天机器人只能回答预设好的封闭式问题，应用自然语言处理技术的聊天机器人可以解读并回答任何问题。自然语言处理可以帮助聊天机器人理解语句内容，哪怕是含有口误、俚语和缩略信息的语句。功能强大的聊天机器人甚至可以理解说话人的情绪感受，如检测到讽刺表达等。通过理解说话人的语境，它们可以推断出有歧义语句的真实含义。

随着语音技术的发展，机器对口头指令的响应效果也有很大的提高。目前市面上有很多可用的语音助手应用，如亚马逊

Alexa、苹果 Siri、谷歌助理和微软 Cortana。这些应用可以以多种语言回答简单的语音查询并执行命令。谷歌在 2018 年谷歌 I/O 开发者大会上展示的虚拟助手流畅的日常对话令人感到惊艳。在电话预约发廊和餐厅的服务时,语音助手的对话毫无"机器感",甚至会加入停顿和语气词,听起来和真人语音毫无差异。

语音技术的发展使越来越多的消费者开始使用语音助手搜索信息和网上购物。语音助手会比较产品,并根据历史购买记录做出品牌推荐。购买的产品越多,推荐的精确度就越高。要想满足消费者的这种新趋势,企业品牌必须做好准备,搜集大数据信息以了解可反映用户偏好的采购行为算法。

传感技术

除了文字和语音识别,计算机还可以通过图像和面部识别进行学习。社交媒体时代无处不在的拍照和自拍无疑对这一趋势起到了推动作用。简言之,图像识别就是对图像进行扫描,然后在网络或数据库中进行比对以发现相同点。作为业界领先的搜索引擎,谷歌强大的图像识别能力可支持消费者利用图像进行搜索。

图像识别的应用范围十分广泛。例如,通过浏览数百万条的社交媒体帖子,企业可以扫描到消费者购买和消费其产品的照片,然后向他们发送感谢信。如果在照片中识别到消费者在使用竞争对手的产品,企业可以向他们发出更换品牌的推销建议。这种高度精准的定向广告对于提高市场份额非常有效。

在英国,乐购(Tesco)超市大量使用图像识别传感器来改善货架布局。这一应用有助于调整零售产品在货架上的陈列方式，以达到促进销售的最优化布局。超市使用机器人对货架上的商品拍照，通过分析图像发现缺货和错误摆放等问题。图像识别能力还有助于改善消费者体验。例如，通过扫描货架上的商品，消费者可以获得人工智能引擎反馈的关于该商品的所有详细信息。

乐购超市还准备在收银台安装面部识别摄像机，用于识别酒类和香烟消费者的年龄。这一技术还可以支持无人收银台服务。面部识别软件的另一种用途是数字广告牌，识别受众的人口特征和情绪状态有助于广告主传达相关的内容，获取受众对广告内容的面部反应可以帮助广告主对广告的内容和形式进行改善。

自动驾驶车辆也会大量涉及传感技术的应用。谷歌旗下的智能汽车品牌Waymo正在和传统汽车制造商的智能车辆品牌展开竞争，如通用汽车的Cruise、福特汽车的Autonomous和Argo AI。自动驾驶车辆严重依赖传感器向人工智能系统发送的实时路况信息。依靠安装在车身不同部位的摄像机、雷达、超声和激光雷达等传感设备，智能车辆可以自动测量距离，识别路径和探测周围车辆。

此外，智能车辆还装有具备远程通信系统的传感器，用以提高安全性能和辅助车辆管理。此类传感器对物流运输和供应链优化管理非常有帮助。车主可监控无人驾驶车辆，每日接收关于GPS模式、驾驶时间、里程和燃油分析等方面的报告。更重要的是，车辆需要保养时可以自动提醒车主。通过使用远程通信传感系统，前进保险公司（Progressive）和GEICO保险公司针对车辆使用情况推出了保费优惠项目。

机器人

自 20 世纪 60 年代起，工业化国家的大型企业已开始使用机器人实现后端自动化生产。自动化机器人具有劳动密集型特征，随着近年来人工工资的上涨和机器人制造成本的下降，自动化机器人在制造行业表现出巨大的成本节约效益。人工智能技术的发展已经扩大了工业机器人可以胜任的工作范围。兼具工作持久性和时间灵活性的机器人无疑会为企业带来更高的生产率，充分证明了企业自动化生产的合理性。

近年来，作为一种营销手段，企业开始尝试应用机器人取代客服互动中的人力工作。由于老龄化问题严重且国家不支持大量移民入境，日本一直在推动机器人的应用，并在该领域取得了世界领先地位。日本汽车制造商丰田和本田公司都在投资开发可为老年人提供服务的护理机器人。软银公司开发的派博（Pepper）人形机器人可作为养老院个人助理或零售店销售助理使用。雀巢日本公司也在使用机器人制作和销售咖啡饮品。

在人工服务不可或缺的酒店服务行业，机器人技术的应用或许显得更为极端。具体来说，其应用思路是使用机器人代替员工为顾客提供更为个性化的服务。例如，弗吉尼亚州希尔顿酒店开发了名为康妮的机器人礼宾员。以 IBM Watson 云服务的人工智能技术为依托，康妮可以向酒店宾客推荐附近的景点和餐厅。位于库比蒂诺的雅乐轩酒店（Aloft）推出了名为博特的机器人管家，它不但能为酒店客人提供便利设施和客房服务，还能以推文的方式收取小费。还有些酒店计划使用机器人烹制菜肴，例如新加坡的 Studio M 酒店使用机器人厨师制作煎蛋饼。

说到机器人我们总是联想到它们类人的形态，实际上机器人不一定都具备实体形状。机器人流程自动化（RPA）是近年来的发展热潮，它涉及的是软件机器人领域。RPA 技术可支持虚拟机器人通过遵循特定的指导原则像人类那样执行电脑工作。企业可使用这种技术分毫不差地自动完成海量高度重复的工作流程。此类应用多用于后台财务管理工作，如付款和开具发票。像员工入职流程和处理工资单等人力资源管理工作也可以应用这种技术自动化实现。

在销售工作中，RPA 也可以得到不同方式的应用，对客户关系管理软件进行管理是最为常见的应用之一。销售团队可以把名片和书面报告轻松转化成数字格式并存入客户关系管理系统。RPA 还可以自动扫描邮件并整理成销售线索。在营销领域，RPA 大多用于执行程序化广告，自动化投标并购买数字化广告版位以优化成本效益。随着在线广告预算比例的提高，这种技术将会受到更多企业的关注。

混合现实

在三维用户界面创新领域，增强现实和虚拟现实技术（又称混合现实技术）最具发展前景，它能使真实世界和数字化世界的边界变得模糊。这项技术的发展目标是要模仿人类的想象力，当前应用主要集中在娱乐和游戏体验方面。一些企业品牌已开始投资开发混合现实技术，用以提高消费者的互动体验。

增强现实是指在用户对真实世界环境的视野上叠加交互式数字化内容。任天堂开发的宝可梦 Go（Pokemon Go）是一款很受欢迎的基于增强现实技术的手机游戏。透过手机屏幕，玩家能看到身边出现各种假想的生物。近年来，可供叠加的数字化内容变得越来越丰富，从之前的视觉图形和声音发展到现在的触觉反馈和嗅觉感受。

虚拟现实可以认为是与增强现实的相反的事物。增强现实是把数字化内容添加到现实世界，而虚拟现实是把用户带入数字化世界。虚拟现实技术使用模拟数字环境取代用户视觉，用户戴上头盔后可以体验过山车和外星人大战等各种刺激感受。在使用虚拟现实技术时，用户可选择 Oculus Rift 等专用头盔或是谷歌开发的 Cardboard 手机型头盔。此外，索尼和任天堂等公司开发的游戏控制台也提供虚拟现实游戏的延伸设备。

对数字化世界和真实世界进行混合将会成为颠覆营销活动的重要能力。混合现实技术以视频游戏为基础，可以为内容营销开发提供无穷无尽的可能性。企业可以利用这种技术，以风趣或激动人心的方式在产品中嵌入附加信息和内容。消费者可以直观地看到企业产品以及生产产品的流程。换句话说，混合现实技术可以帮助消费者在决定购买之前"亲自"体验产品。

旅游行业可使用混合现实技术开发虚拟游览业务，然后向消费者推荐实际目的地。例如卢浮宫为用户提供的虚拟体验，当用户戴上 HTC Vive 头盔后，不但能近距离欣赏《蒙娜丽莎》，还能探究这幅画作背后的故事。零售商可以使用混合现实技术让消费者虚拟试用产品或是为其提供使用教程。例如，宜家为公司产品制作了 3D 图像，利用增强现实技术为潜在消费者视觉化呈现家具的摆放效果。劳氏公司（Lowe's）使用虚拟现实技术手把手教用户自助进行家庭装修。

在汽车制造行业中，增强现实技术在奔驰、丰田和雪佛兰等公司也有大量应用，采用平视显示器的形式，将信息覆盖在挡风玻璃上。路虎汽车在平视显示方面更进一步，可以把前方地形影像投射到挡风玻璃上，营造出透明引擎盖的假象。

虚拟现实技术在汤姆鞋业（TOMS）公司不但用于产品营销，还用于创造社会影响力。这家公司的著名策略是，消费者每购买一双鞋，公司就捐赠一双鞋做公益。在虚拟现实技术的帮助下，消费者可以直观体验到企业把鞋子捐赠给贫困儿童时的感受。

物联网和区块链

物联网指的是可彼此通信的所有机器和设备的相互连通。手机、可穿戴设备、家电、汽车、智能电表和监控摄像头都属于互联设备。个人可使用物联网打造智能家居，企业可使用物联网远程监控和跟踪资产状态，如楼宇安全和车队状况。最重要的是，物联网可实现消费者体验的无缝呈现。物联网以数字化方式把所有现实生活中的触点进行互联，使顺畅的消费体验成为可能。

以迪士尼主题乐园为例，迪士尼利用物联网技术消除了顾客体验中的摩擦，对消费者体验做出了全新定义。迪士尼推出Magic Band手环，消费者可以通过手环与手机上的My Disney Experience绑定，手环中存有消费者的个人信息，可同时用作门票、房卡和支付手段。消费者在游玩过程中，手环会发射无线信号，与周边车辆、餐厅、商店和酒店中数以千计的传感器进行通信。通过这种方式，员工可以随时观察到消费者的位置，在十几米外提前迎接客人，做好充分的事先准备。设想一下，你什么也没有做，就看到一群卡通形象的工作人员热情地呼喊着名字迎接你，那种意外惊喜的确令人感到兴奋。显然，搜集顾客位置信息无论对于产品服务的设计还是游园线路的推荐都具有重要的价值。

除了物联网，区块链是另外一种分布式技术。作为开放分布式记账系统，区块链可在点对点网络中记录加密数据。一个区块就像一页账簿，内含所有的历史交易信息。区块记录一旦完成，信息就永远无法更改，完成记录的区块将为新区块让路。区块链可靠的安全性可以使买卖双方摆脱作为中间人的银行直接进行交易。比特币是伴随区块链技术诞生的新型加密货币，这种货币的交易无需中央银行的介入。

区块链技术安全透明的记账特点将会颠覆传统的营销活动。IBM和联合利华公司合作推出了一个区块链项目，旨在加强数字广告版位的透明度。根据全美广告主协会的估算，每一美元的数字媒体广告支出中媒体只能拿到30～40美分，其余都流向了中间人。使用区块链技术对从广告主到媒体的整个交易链条进行跟踪，可以准确发现其中效率低下的环节。区块链的类似应用还可以帮助消费者对企业的营销宣传进行验证，例如通过供应链交易系统的历史记录了解交易是否公平，产品是否100%有机等。

这项技术还可以应用到消费者数据管理领域。如今，消费者数据散布在很多家企业和品牌的数据库中。例如，消费者会参与几十家企业的客户忠诚度计划,在很多家企业都有其个人信息资料。这种碎片化行为使顾客很难积累足够的积分并使其发挥真正作用。区块链技术可以有效整合多种客户忠诚度计划,同时减少不同营销方案中的交易摩擦。

小　结:
类人技术成为大势所趋

下一代技术的开发已经有数十年的历史,只不过因为某些原因逐渐陷入沉寂。在未来十年中,我们将会看到这些技术突飞猛进的发展。下一代技术的应用离不开一些基本技术条件,包括强大的运算能力、开源软件、高速互联网、云计算、无处不在的移动设备以及大数据。

这些技术的终极目标是要模仿高级情境化的人类学习方式。人类自出生之后就一直在训练感知周围环境的能力,以及与他人沟通的能力。生活经验可以丰富我们的全面认知能力,使我们了解整个世界是怎样运行的。这些方式对于机器学习至关重要,为人工智能学习奠定了基础。利用传感技术和自然语言处理技术,计算机可通过同样的方式进行能力训练。大数据可为机器学习提供海量数据作为基础。增强现实和虚拟现实技术可以帮助机器模仿人类的想象能力。物联网和区块链技术可以复制人类的社交关系。

下一代技术在营销活动中的应用非常重要。人工智能可以帮助企业进行实时市场调研,在此基础上大规模实现产品的个性化开发。下一代技术具有情境化特征,可不断更新消费者的数字化体验。营销人员可以针对消费者的情感定制营销内容、产品和互动方式。分布式计算能力的应用可以确保服务在每一个需求点都能够实时交付。

思考问题

1. 目前你所在的企业采用了哪些下一代技术？具体有哪些应用案例？
2. 你所在的企业未来五年的技术发展路线图是怎样的？能带来哪些机遇和挑战？

MARKETING
5.0
第七章

消费者新体验：

机器有效率，人性有温度

2015 年开张的日本海茵娜（Henn-na）酒店是经过吉尼斯世界纪录认证的全球首家全部使用机器人服务的酒店。酒店的多语种前台机器人配有面部识别系统，可以帮助客人办理入住和退房手续。接待处的机械臂负责存放行李，礼宾员机器人帮忙叫车，行李车机器人将行李送入房间，还有管家机器人打扫房间。大部分房间设施也是高科技的，例如，每个房间都配备有面部识别门锁和室内蒸汽衣柜。

起初，酒店采用机器人服务是为了应对日本的劳动力短缺问题。酒店希望用最少的员工展开经营，从而实现劳动力成本的削减。没想到的是机器人服务带来了一些令顾客感到苦恼的问题，为解决这些问题酒店不得不投入更多的人力工作。例如，有顾客投诉房间内的桌面机器人无法辨别打鼾的声音，误以为是房客在发出指令，所以一遍又一遍地把睡着的客人叫醒。最后，酒店不得不对自动化应用进行削减，"解雇"了一半左右的机器人。

这个案例充分说明了全面自动化的局限性，特别是在高度依赖人际互动的酒店服务行业，全面机器化服务不一定是最好的选择。这表明，人际互动有时候是必不可少的，并不是所有工作任务都需要自动化。机器人应用固然高效先进，但人际互动的温暖是无法替代的。因此，未来的消费者新体验应当是这两个方面的充分结合。

如今，越来越多的消费者开始青睐线上渠道和线下渠道结合的体验方式，这一点充分证明了上述理念的有效性。麦肯锡公司的调查表明，在全球范围内有44%的消费者喜欢线上浏览线下购的消费方式，23%的消费者喜欢线下体验线上购的消费方式。特思尔大宇宙商业咨询公司（transcosmos）对十大亚洲城市的调查显示，对于不同类别的产品，大多数消费者喜欢综合使用线上浏览线下购和线下体验线上购两种消费模式。面对这种混合型消费者体验历程，企业必须开发全渠道消费者新体验，其特征是既具有高超的科技应用又具有温暖的人际互动。

在数字化世界重构消费者体验

消费者体验并不是什么新理念。作者派恩和吉尔摩早在1998

年就在《体验经济》一书中提出了这一概念。他们认为产品和服务曾经是企业创新的主要手段,但是如果不进行战略升级,它们会逐渐变得毫无差异,直至高价策略难以为继。

产品特征方面的微小差异或许会阻止消费者转向竞争对手,但这种改变很难提升消费者的付费意愿。为此,企业必须前进到经济价值发展进程的下一个阶段,即体验型经济。关注体验营销的公司可以把产品作为道具,服务当作舞台,为消费者营造出令人难忘的互动体验。

随着数字化时代的来临,体验经济概念赢得了主流社会的认同。首先,互联网的透明性有助于消费者进行产品和服务的比较,快速实现产品和服务的廉价化。因此,企业不得不在初级产品服务的基础上绞尽脑汁地实现体验创新。最重要的是,消费者渴望与品牌建立真诚的互动关系,但这种情况在数字互联时代变得十分稀缺。在这种情况下,现代企业迫切需要通过互联网和其他数字化技术与消费者进行互动,和他们进行全面接触。

随着产品的日益廉价化,今天的企业创新必须关注围绕产品出现的每一个消费触点。可以说,创新产品互动方式现在要比产品自身的创新更为迫切。如今,赢得竞争的关键不再是产品,而是在于怎样让消费者评估、购买、使用和推荐你的产品。从本质上说,消费者体验已成为企业创造和提供更大消费者价值的一种全新的有效方式。

实际上,消费者体验是推动企业成功的一项主要因素。Salesforce公司的调查显示,三分之一的消费者愿意花更多的钱享受优质的消费者体验。普华永道公司的一项研究表明,近四分之三的消费者表示,出色的消费者体验会让他们对产品更忠诚,消费者愿意支付高出 16% 的溢价享受更好的消费者体验。

触点跟踪:5A 模型

消费者体验概念刚出现时只强调产品的创新,现在我们有必要从更为广阔的范围加以审视。消费者体验不只包括购买体验和客服体验,实际上,它涉及购买行为发生之前和之后相当长的时间范围。具体而言,消费者体验包括消费者可能和产品出现互动的每一个触点,如品牌传播、零售体验、销售互动、产品使用、客户服务和口碑宣传。企业必须对每一个触点进行策划,确保为顾客提供既有意义又难忘的无缝式消费体验。

在《营销革命4.0:从传统到数字》中,我们的理论框架对上述消费触点进行了阐述,分析了如何开发出色的消费者体验。5A 模型描述了数字化时代消费者购买和消费产品服务的整个历程(见图 7-1)。

了解(Aware)　　吸引(Appeal)　　问询(Ask)　　行动(Act)　　拥护(Advocate)
利用体验、广告和推荐在消费者心目中建立品牌形象。　　消费者处理品牌信息,对所选的品牌产生兴趣。　　受好奇心驱使,消费者查阅相关品牌信息。　　了解更多信息之后,消费者决定购买使用品牌。　　消费者对品牌日益忠诚,不遗余力地拥护支持。

图 7-1　5A 模型

5A模型非常灵活，是一套适用于各个行业的工具。在描述消费者行为时，它能绘制出和实际消费者历程高度相似的路径。这一工具不但适用于当今消费行为的分析，还有助于揭示如何在整个消费者体验过程中实现人工服务和机器服务的有机结合。

透过5A模型的分析，我们会发现很多看似个性化的消费者采购决策，其内在本质实际上是社会化行为的结果。随着生活节奏的加快，网络内容的极大丰富，以及注意力的不断下降，消费者感觉越来越难以自主做出决策。于是，他们转而求助身边最值得信赖的人——家人和朋友。接着，消费者就开始密切关注品牌，不停了解相关信息，反复向他人推荐。最后，衡量消费者品牌忠诚度的指标甚至超越了坚持使用和反复购买，达到了拥护的新高度。

在了解阶段，消费者通过个人体验、企业营销宣传或是他人推荐等方式接触到很多品牌。产生品牌意识后，消费者会对品牌传达的信息进行处理，建立短期记忆或是扩展长期记忆，最后对个别品牌形成深刻印象，即进入吸引阶段。受好奇心的驱使，消费者会主动投入对感兴趣品牌的深入了解。例如，从家人朋友、媒体或是品牌自身那里获得更多相关信息。这个阶段即问询阶段。

在问询阶段获得的信息支持下，消费者已做好行动准备了。需要注意的是，这些潜在消费者的行动并不局限于购买活动。购买完成后，消费者会通过使用和售后服务等方式进行更为深入的互动。随着时间的推移，消费者会对品牌产生忠诚度，具体表现为坚持使用、重复购买，直至最后向他人推荐，即拥护阶段。

显然，每一个企业的终极目标都是一致的——通过提供完美的互动体验,帮助消费者从了解品牌逐步发展到拥护品牌。要实现这个目标,企业必须精心设计消费者体验历程中的每一个触点,明确哪些环节适合采用自动化手段,哪些环节适合采用人际互动方式。自动化手段适用于满足顾客对速度和效率的需求,如处理订单和付款。而人际互动适用于解决需要灵活应用和情境感受的问题,如业务咨询和服务接待。

消费者新体验中的人机差异

在混合型消费者体验中,人工服务和机器服务的作用同等重要。它们不仅有各自擅长的服务领域,还具有很好的互补作用。计算机的速度和效率可以让人类从琐碎单调的工作中解放出来,投入需要丰富创意的活动中去。自动化可以说是推动人类创新水平的垫脚石,从这个意义上说,技术应当被视为创新活动的推动力量和加速器。其服务宗旨即技术得以发明的本质目的——解放人力资源。

在深入探究机器和人类各自擅长的工作领域之前,我们有必要了解一下莫拉维克悖论。汉斯·莫拉维克(Hans Moravec)曾观察到,计算机在执行一些智力方面的测试时,表现相当轻松,但是要表现出一岁小孩的感知能力和行动能力几乎是不可能的。

推理是人类的一项高级能力,计算机通过终身的自主学习可以很容易掌握这种能力。我们很清楚推理过程是怎样发生的,因此可以用同样的逻辑以非常直接的方式训练机器。电脑具有强大的运算能力,不但比人类学得更快,推理过程也更为可靠。

然而,感知运动知识,即人类对周围环境的感知和反应,很难让计算机学习掌握。我们在很小的时候就能毫不费力地跟身边的人和事物互动，因此这种能力看起来似乎十分低级。它涉及对他人感受的直觉理解，涉及人类的共情能力。没有人知道小孩子是怎样习得这种能力的，它在很大程度上是以人类数百万年的演化为基础的无意识学习。因此，我们很难教机器学习我们并不了解的东西。

人工智能科学家一直在尝试应用意识过程的方式对无意识学习行为进行逆向工程研究。计算机通过对数十亿张面孔及其特征进行分析，以达到逐一识别甚至可以预测潜在情绪的水平。这种方式同样适用于对语音和语言的学习。这种学习方式虽然非常有效，但需要花费数十年的时间才能成功。目前，机器人开发在这个领域取得的成绩非常有限。机器人可以笨拙地模仿人类在外界刺激下做出某些身体动作，但要达到优雅自然还相差甚远。

对于人类自认为重要的逻辑思考和推理等高级能力，计算机可以很轻松地超越我们的最佳表现。反之，那些在人类看来根本无需费力就能掌握的能力上，计算机花费数十年时间穷尽所有处理能力也很难模仿。很多我们觉得理所当然的能力，如常识和共情能力，往往是人类和计算机之间的重大区别。这实在是一个难解的悖论。

信息处理的变化

处理信息的能力是区别人类和计算机差异的一个重要因素。在知识管理领域中有一个名为DIKW模型的层次结构，即数据（Data）、信息（Information）、知识（Knowledge）和智慧（Wisdom）

四个层次。受到著名诗人艾略特剧本《岩石》(The Rock)的部分启发，不同的作者对此有多个版本的解读。本书在DIKW模型框架基础上增加了干扰和见解两个层次，构成一个六层模型。(见图7-2)

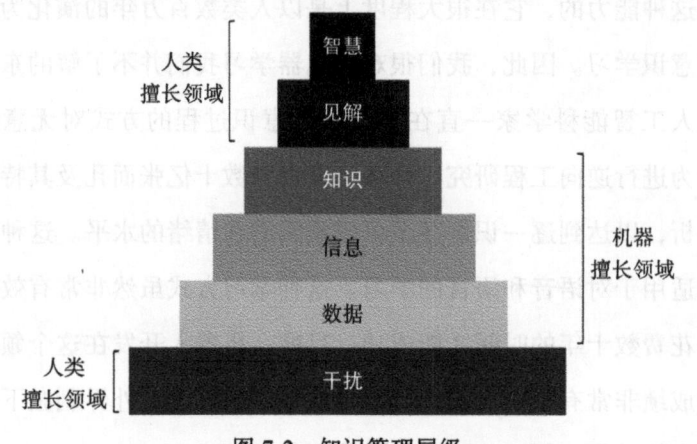

图7-2　知识管理层级

数据、信息和知识是公认的机器擅长的领域。凭借高速和几乎无限的能力，计算机可以非常出色地把杂乱无章的数据整理成有意义的信息。这些信息被添加到相关的信息库和已知情境，并在此基础上开发出知识。计算机可以在储存介质上组织和管理大量的知识，并且随时可以进行数据检索。机器的量化本质和大量处理能力使其非常适合从事此类工作。

另外三种比较模糊的直觉性要素（干扰、见解和智慧）则是人类擅长处理的领域。干扰是指数据中存在的扭曲和偏差，在对数据进行结构化处理时会造成很大的困惑。以异常值为例，计算机可以在一个数据集中快速发现重大偏离，但异常值既有可能是有效变异也有可能是错误。唯一的确定方法是以真实世界的认知为基础进行主观判断。这时就需要由人工来确定是否保留异常值。值得注意的是，做出判断的应当是商业人士而不是数据管理人员。

人类在过滤干扰方面的判断非常重要。某些情况下，见解可通过发现异常值（即偏离数据）的方式获得。很多市场研究人员和人种学者经常会在观察非传统的消费者行为时发现有意义的见解。他们经常会有意观察位于正态分布两端的极端用户表现，从中发现非常规的观点。由于发生概率很低，这些异常观察通常被认为不具备统计学意义。这种超越现有知识之上的具有定性化特征的对新见解的探索，特别适合人类的直觉天性。

位于知识管理层级顶端的是智慧，这是机器最难以模仿的人类特质。智慧能让我们在综合考量公正看法、合理判断和道德思考的基础上做出正确的决策。直到今天，我们并不完全清楚人类智慧是怎样形成的。不过大多数人都认同的是，智慧源自大量的实践经验而非理论经验。也就是说，人类对以往决策造成的或好或坏的结果进行总结，随着时间的推移逐步磨炼出智慧。不同于狭隘的机器学习，智慧形成的学习内容非常广泛，涉及人类生活的各个方面。

在市场研究领域，计算机可以帮助营销人员处理信息，开发市场模拟模型。但最后的决定，仍需要营销人员利用个人智慧得出可行的观点见解。通常，人工智能推荐的决策最终仍需交给人类确定。

我们可以用陶大卫（David Dao）的案例进行说明，他曾在2017年被美国联合航空公司工作人员暴力拖下飞机。当时，由于额外的机组人员需要紧急登机，四名乘客被迫取消飞行。这是因为计算机按照收入最大化算法，认为陶大卫等人属于"价值最低"的乘客，这是根据他们的常飞里程和航班舱位分析得出的结论。但计算机忽略了一个十分重要的问题，陶大卫是一名医生，他必须在次日抵达医院为患者看病。显然，电脑冷冰冰的缺乏人性的机械算法很容易做出错误的决策。同样，在消费者体验过程中，计算机莽撞处理问题也会累及人际互动的重要性。

人机协作思维

人类和机器可以在聚合思维和发散思维方面实现合作。众所周知，计算机善于运用聚合思维，从各种非结构化的数据集中发现模式和群组。这些数据集不但包括文本和数字，也包括图像和音频视频内容。与此相对，人类善于运用发散思维，构思新的创意，探索各种潜在的解决方案。

人类思维和机器思维之间的这种互补性具有很大的发展潜力，比方说改善广告的传播效力。计算机可以快速检索数百万条广告内容，在基本创意要素（配色方案、文案或布局）和呈现结果（关注度、情绪响应或购买转化率）之间找出关联。我们可以使用这种方式在确定广告版位之前进行创意测试或是历史广告表现审核。例如，美国大通银行使用自动化文案撰写公司 Persado 设计的人工智能算法进行文案"开发"。在创意测试过程中，这款软件的表现完全超越文案撰写人员，获得了最高的点击率。这是因为软件选择的用词经过了海量数据库的筛选，能产生最大程度的情绪感染。

因此，品牌开发经理和创意广告公司不应把计算机文案视为洪水猛兽。到目前为止，没有任何机器可以取代人类做文案简报，或是从无到有策划出整个广告文案（从确定有效的品牌定位到把广告转化成正确的传播信息）。计算机也不适合设计新奇的广告活动。尽管如此，人工智能可以通过选择更好的用词、配色和布局等方式帮助我们优化广告。

消费者界面的人机协同

在消费者界面，人机协同也能得到很好的应用。一般来说，渠道选择取决于消费者的层级。由于服务成本很高，与企业工作人员的互动通常只针对热门问题和最有价值的客户。反之，机器用于确定销售线索的质量，用于和低服务成本的消费者互动。服务细分可以帮助企业在进行风险管理的同时实现成本控制。

的确，人工智能在消费者互动方面的应用存在相当的风险。微软公司已终止的聊天机器人泰伊（Tay）项目就是很好的例子。面对推特上恶意用户的谩骂，泰伊通过算法很快就学会了这些语言，开始回复令人感到冒犯的信息。结果，这款机器人启用仅16个小时后就被迫下岗。谷歌公司的人工智能实验也出现过类似的问题，它的图像识别算法把用户的一位黑人朋友当成了大猩猩。为了解决这个问题，公司只能在算法中把"大猩猩"这个词删除。由此可见，人工智能的迟钝性会对应用管理构成重大的威胁。

计算机只适合处理可预测结果的查询以及可编程指令。像自助服务亭和聊天机器人等应用，只能处理简单的业务和查询。人类对各种情境下的问题都能做出灵活应对，因此更适合执行咨询工作。人类高超的情境理解能力可以帮助我们适应难以预测的情况和不同寻常的消费者境遇，这些都是标准处理程序不可企及的。

以软件公司 HubSpot 为例，这家公司使用聊天机器人在销售漏斗的顶部和中部获取和培育销售线索。与此同时，公司安排销售人员为可靠的销售线索提供咨询服务，组织高触点团队对新用户进行引导。售后服务方面，公司依靠聊天机器人回答用户提出的简单问题。

总而言之，人类是温暖且友好的。对于需要共情能力的工作任务，面对面沟通无疑是最好的解决方案。尽管一些企业配备了高科技的消费者管理系统，在交付服务体验方面它们仍必须依赖人类的社交能力。以万豪酒店的社交媒体聆听中心为例，当系统发现酒店可能错过与某个顾客的互动机会时，如正在度蜜月的夫妇，控制中心会通知酒店为客人制造惊喜。

了解自动化和人际沟通可以在服务触点中分别发挥哪些作用，是向卓越的全渠道消费者体验设计迈出的重要的第一步（见图 7-3）。如前所述，我们的选择不是非此即彼，而应当是兼而有之。企业必须舍弃"机器取代人类"的观点，否则将会错失业务优化的重要机会。实际上，人类和计算机应当和谐共存，在改善消费者体验方面互相取长补短。只有这样，我们才能重新构思和设计新的消费者体验历程，实现对技术和人性最大限度的效力发挥（见第十一章）。

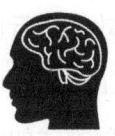

机器	人类
可高效处理数据，提取信息和管理知识	可剔除干扰，形成见解和发展智慧
善于运用聚合思维、结构化思维和发现模型	善于运用发散思维，找出创造性解决方案
擅长使用逻辑思维，遵循特定算法	擅长使用共情能力，建立可共鸣的人际关系
可高速、大量地完成重复性工作和可编程工作	可灵活处理需要情境理解能力和常识推理能力的工作

图 7-3　结合机器服务和人工服务的双重优点

利用下一代技术开发消费者新体验：准备清单

为实现机器应用和人类服务的密切协作，下一代营销人员必须掌握实用的技术知识，特别是那些可以促进营销活动的技术。在此，我们把营销人员经常使用的技术称为营销技术。在整个消费者体验历程中，营销技术具有以下七种最为常见的应用：

广告

广告是指通过各种付费媒体向目标受众传播品牌信息的一种方式。在注意力稀缺的数字化时代，广告会给消费者带来很大的侵扰。广告的相关性非常重要，广告技术最为常见的用途是进行受众定位。企业可通过寻找细分市场的方式优化广告效果，从而改善广告的市场相关性。

广告技术还可以帮助营销人员精准描绘受众范围和消费者特

征，从而更有效地进行广告开发。广告开发不存在"一刀切"式的解决方案，人工智能技术可以快速生成多种广告创意，对文案和视觉效果进行不同方式的组合。这种设计方式又称动态创意，对于实现个性化开发非常重要。

这种个性化并不局限于广告信息方面，也可以应用到媒体投放。情境化广告设计可以让广告在合适的媒体和合适的时间自动呈现。例如，当用户在网站上搜索浏览车辆信息时，汽车广告就会在屏幕上自动出现。由于广告信息和用户当前兴趣高度一致，此类广告往往具备更好的响应率。（见第十章）

下一代技术在广告行业的另一项重要应用是程序化媒体竞买。程序化平台可以帮助广告主自动实现对付费媒体版面的购买和管理。作为统一的自动化竞买行为，程序化广告对于优化媒体成本投入具有显著的效果。

内容营销

内容营销近年来是一个热门词汇，被吹嘘为数字化经济时代的隐性广告。网络内容不像广告那么侵扰消费者，它综合使用娱乐、教育和启发内容来吸引消费者关注，不易让人产生抗拒感。内容营销的基本原则是对受众群体的明确定义，只有这样营销人员才能设计出有趣、相关且实用的网络内容。因此，内容营销的受众匹配至关重要。

分析技术在跟踪和分析受众需求和兴趣方面非常有用。它能帮助内容营销商生成和管理文章、视频、信息图，以及受众有意向消费的其他内容。人工智能技术的应用可以让这项费时费力的工作变得高度自动化。

在预测性分析技术的帮助下，内容营销商甚至可以设想每一个消费者在网站上与众不同的体验历程。这样他们展示的就不再是一成不变的静态内容，而是高度动态化的内容。换言之，由于以往的行为和偏好各不相同，每一个网站访问者看到的都是不一样的内容。这种设计便于营销商在消费历程中更好地引领用户完成购买行为。从吸引用户访问网站到促成销售线索，再到成功完成交易，整个体验历程中的转化率得到了极大提升，推动了营销表现的优化。例如，亚马逊和网飞都是利用这种技术开发个性化网页内容，诱导用户实现预定的行为模式。

直效营销

直效营销是定位更为精准的产品服务销售策略。不同于大众媒体广告，直效营销是指利用中间媒介（特别是邮件和电邮等媒体）实现对待售商品的个性化销售。大多数情况下，潜在消费者订阅直效营销渠道是希望获得促销品和最新消息，这种营销手段也称为许可营销。

直效营销信息必须是个性化的，否则会被当作是垃圾邮件。企业可使用人工智能技术针对每个用户定制信息文案。对直效营销来说，或许最重要的部分是产品推荐系统，它是电子商务活动的主要构成部分。有了这套系统，营销人员可根据历史记录预测消费者可能购买哪些产品，并以此为基础相应地开发产品。鉴于产品个性化的重要意义以及巨大的工作量，在直效营销活动中使用自动化流程已成为必然。

由于产品通常都具备特定的行为召唤能力，直效营销活动的成果可通过分析转化率的方式进行预测和衡量。因此，技术应用有助于营销效果的预测和活动情况的分析。对营销效果的持续跟踪还可以帮助改善计算机的算法。

销售客户关系管理

对于销售部门，自动化技术可实现显著的成本节约并促进可扩展性。销售线索管理流程的某些部分，特别是处于销售漏斗顶部的部分，可以使用聊天机器人完成工作。聊天机器人可以使用对话和其他非正式方式获取销售线索。验证销售线索的有效性，这一工作具备可编程特征，聊天机器人也可以胜任。一些高级机器人还可以通过响应潜在消费者查询需求，以及智能提供符合情境的相关信息等方式，在销售漏斗的中部实现销售线索培育过程的自动化。

营销技术在客户管理领域也取得了发展。在整个垂直行业中，销售人员经常要花费大量的时间从事非销售活动和行政事务。有了销售客户管理系统，包括拜访记录和销售机会在内的所有客户信息都可以实现自动化组织，销售团队可以节省很多时间关注实际销售活动。销售线索管理过程中搜集的大量数据可以帮助销售人员掌握准确的信息，推动客户交易。

销售预测对很多企业来说都是非常头疼的问题，大多数销售人员在评估销售线索时仅靠个人直觉。问题的关键在于，每一个销售人员都有不同的直觉水平，这就使销售预测变得困难重重。预测性分析工具可以很好地解决这个问题，它能帮助销售团队做出更准确的预测，对销售机会进行更好的优化。

分销渠道

下一代技术在改善分销渠道方面有多种应用方式。最受欢迎（特别是在新冠肺炎疫情出现之后）的应用是零售行业的无接触式一线互动。除了可以降低成本之外，自助式界面和一线机器人更适用于简单的互动活动，如银行交易、餐厅点餐和机场办理登机手续。疫情的暴发还推动了无人机快递业务的迅猛发展。在中国，京东成为隔离期间首个采用无人机进行远程配送的公司。

先进技术还能确保无摩擦式的消费者体验。零售业是最早试用传感技术的行业。亚马逊公司在不断开发实体店的同时，开始在旗下的几家全食食品店推出生物特征识别支付（即俗称的刷脸支付）。在中国，顾客在零售店结账时只需在收银机前立正拍照即可。收银机上装有面部识别设备，链接到用户的支付宝或微信。

物联网的应用也变得日益普及。在装有传感器的智能商店，顾客的移动轨迹会被记录下来进行分析，进而绘制出顾客的实际体验历程。以此为基础，商家可以对店面布局进行调整，改善顾客的消费体验。在物联网的帮助下，商家可以随时了解消费者的准确位置，在每一个过道和货架区内精准投放营销内容。

通过综合应用各种下一代技术，渠道销售企业可以为消费者在购买产品之前营造虚拟使用体验。例如在山姆会员店，商家使用AR凸显产品特征，利用语音搜索技术为顾客提供店内导航。VR可以帮助消费者不出家门就能逛商店。例如，在新冠肺炎疫情期间，普拉达是首个使用VR取代实体店体验的奢侈品品牌。

产品和服务

营销技术不仅有助于改善消费者互动体验，还能强化企业的核心产品和服务。在线购物和个性化服务等趋势的出现催生出大众化定制和产品共创等概念。人人都希望定制个性化产品，比方说带有自己的姓名缩写、喜欢的颜色，以及符合自己身材的尺码。无论是吉列剃须刀、李维斯牛仔裤还是奔驰汽车，各行各业的企业都在通过客户定制的方式延伸产品线。

面对庞大的定制化需求，动态定价服务不可或缺。在服务行业，定制价格的作用尤其明显。例如，保险公司可针对每一位顾客的不同需求提供险种选择，这些差异最终会体现在不同的定价中。航空公司可根据各种不同变量而不是一般信息来确定机票价格，如当前需求水平和航线竞争状况，甚至包括每个旅行者的终身价值。此外，对于企业软件或车辆等大额采购业务，技术应用还可以推动"一切皆服务"型商业模式的实现。

预测性分析工具也有助于产品的开发，帮助企业评估当前计划的风险，估算市场对产品的接受程度。例如，百事可乐公司使用黑天鹅技术公司（Black Swan）提供的分析技术对饮料消费趋势进行分析，预测哪些产品最有可能热销。（见第九章）

服务客户关系管理

聊天机器人的日益普及，不仅是因为便于管理销售漏斗，还因为便于响应顾客的服务查询。企业可使用聊天机器人提供24小时服务，快速地提供通用型解决方案，这种服务能力在数字化时代非常重要。企业可以确保不同的互动渠道能提供一致性和一体化的服务，包括网站、社交媒体和手机应用软件。最重要的是，聊天机器人可以很好地处理简单的重复性工作，大大减轻人工客服的工作负担。

对于复杂的业务查询，聊天机器人可以把任务实时提交给客服部门。机器服务与客户关系管理数据库的一体化可以为客服部门提供详尽的互动记录和其他相关信息，极大地提升客服工作表现。在这些信息的基础上，客服部门可以针对顾客的问题制定最佳解决方案。

这项技术的另一个重要用途和客户流失率探测相关。企业可采用社交聆听技术对消费者感受进行在线跟踪和估量。社交聆听平台上内嵌了预测性分析引擎，可以帮助企业预测顾客流失的可能性并及时做出改善。

毫无疑问，企业必须充分利用营销技术。企业管理者要面对的第一个主要问题是如何判断应当实施哪些技术，因为并不是所有的技术都和企业的整体营销策略吻合。第二个主要问题是怎样才能把不同的技术应用整合成无缝式消费者体验（见图7-4）。可以确定的是，随着各种新技术的应用，营销人员将会把科技型业务交给机器处理，把创意性工作留给人工处理。

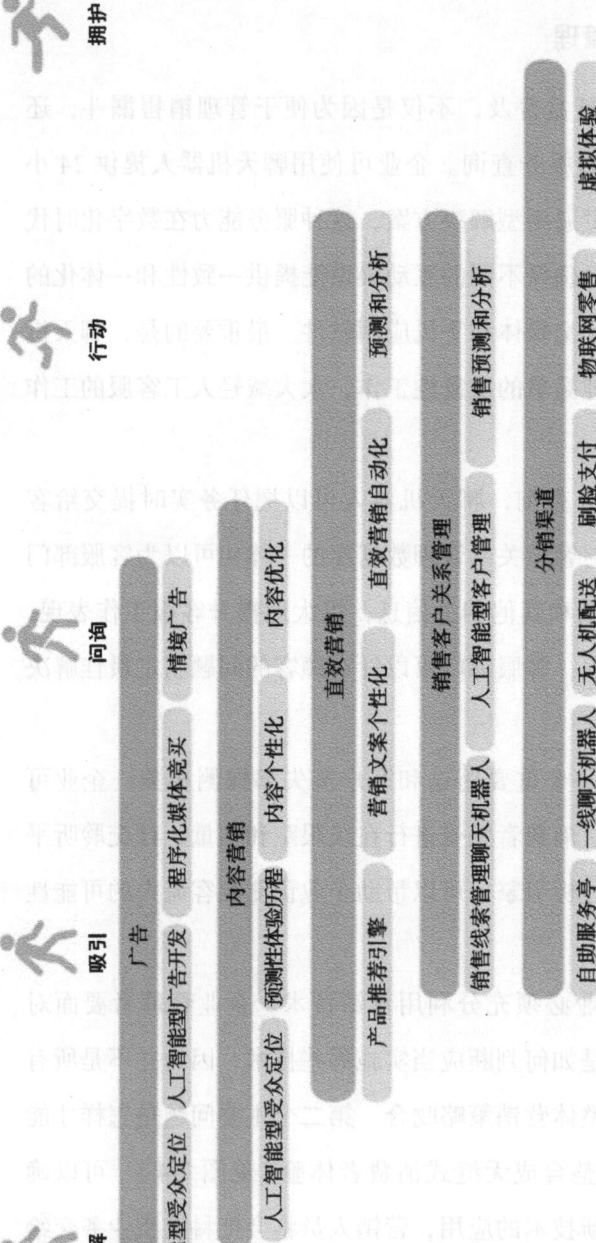

图 7-4 营销技术在消费者新体验中的使用案例

小 结：
机器有效率，人性有温度

消费者体验是在高度竞争的市场环境中赢得生存的新方向。如今，在重要性方面，曾经处于市场边缘地位的互动式体验和沉浸式体验已超过企业的核心产品和服务。在消费者体验历程的每一个互动触点，为开发符合 5A 模型的令人心动的消费者新体验，企业必须综合利用各种先进技术。

在营销领域，下一代技术可广泛应用于不同的消费者互动触点，包括广告、内容营销、直效营销、销售、渠道、产品和服务。技术的主要作用是分析数据，探索有关目标市场的新见解。例如，企业可使用营销技术寻找媒体竞买和定价方面的最佳配置，这是一项非常有效的技术应用。人工智能的预测能力可以很好地应用于销售预测、产品推荐和顾客流失率探测。此外，人工智能技术还能帮助营销人员大规模快速实现产品和服务的个性化定制。

尽管如此，人际互动在营销触点中的作用仍不可忽视。人工服务的智慧性、灵活性和共情能力可以很好地弥补快速高效的技术应用中存在的缺点。机器自动化为人类带来的史无前例的时间成本的节约，可以帮助营销人员更好地投身到创意开发活动中。机器可以可靠地完成程序化工作流程，具有直觉意识和常识的人类更善于处理灵活性任务。最重要的是，在和消费者建立真诚的情感互动关系时，人类的作用是永远无法用机器替代的。

思考问题

1. 请描述你所在的企业的消费者体验历程是怎样的，你印象中最重要的互动触点有哪些？
2. 营销技术可以为这些触点带来哪些改善？你的具体实施方案是什么？

PART 4
第四篇

应用营销技术的新战术

MARKETING
5.0
第八章

数据驱动型营销：

开发数据生态环境，实现精准营销定位

2012年，记者查尔斯·都希格（Charles Duhigg）在《纽约时报杂志》上发表了一篇文章，这篇描述塔吉特超市预测少女怀孕的文章一时成为热门头条。女孩的父亲生气地发现孩子居然收到这家超市寄送的婴儿用品促销券。他一开始以为是寄错了，超市这么做简直是怂恿少女早孕。结果跟女儿一谈才知道，原来事情是真的。

这件事发生大约一年前，塔吉特超市开发了一套智能算法，可以根据女性消费者购买的商品预测她们怀孕的可能性。超市为每一位消费者分配了独特的账号，这些账号与人口信息和购物记录密切相连。大数据分析可以揭示怀孕女性的特定消费模式，在此基础

上超市就可以预测符合这一模式的消费者未来会有哪些购买行为。根据购物时间进行判断，塔吉特甚至可以预测出孕妇的预产期。显然，这些分析有助于确定哪些消费者在什么时间需要哪种商品的优惠券。

这个案例非常生动，说明企业如何利用数据生态系统来改善营销决策。数据驱动型营销是进入营销 5.0 时代的第一步。通过使用分析引擎，品牌可以根据以往消费记录预测潜在消费者接下来最有可能购买哪些商品。有了这种营销手段，品牌不但可以开发个性化产品，还能实施定制化营销方案。当今时代强大的数字化基础设施，可以使这种营销方式不仅能深入不同的细分市场，还能影响到每一个消费者个体。

二十多年来，营销人员一直梦想着能够实现真正的个性化营销。唐·佩珀斯（Don Peppers）和马莎·罗杰斯（Martha Rogers）最早提出了"一对一营销"理念，"一对一营销"是一种人人向往的营销模式。"单一客户市场细分"被认为是市场细分的终极目标，营销领域所有数字化技术的实施最终都是为了实现这一目标。

单一客户市场细分

市场有各种各样的类型，每一个消费者都是与众不同的。正因为如此，营销工作的第一步就是要进行市场细分和目标定位。只有在充分了解市场的基础上，企业才能设计出占领市场的战略和战术。市场细分越是微观，营销方式就越有效果，实施过程也会变得越难。

市场细分理论自 20 世纪 50 年代出现之后经历了很大的发展。市场细分主要包括四种方式，即地理细分、人口细分、心理因素细分和行为细分。

四种细分方式

营销人员通常会从地理细分方式入手，把市场按照国家、地区、城市和位置进行区分。如果发现地理细分范围仍然过于宽泛，他们便会加入人口变量，包括年龄、性别、职业和社会经济阶层等。例如，"生活在伊利诺伊州的年轻中产阶级女性"和"富裕的纽约婴儿潮世代"，这些都是综合了地理和人口要素的细分描述。

另外，地理细分和人口细分属于自上而下的细分方式，非常容易理解。更重要的是，这种细分方式简单可行。企业很清楚在哪里可以找到这些细分市场。不利的方面是此类细分方式缺乏意义，因为生活在同一个地区或具有相同人口特征的群体很可能具备不同的消费偏好和消费行为。此外，这些细分方式具有静态化特征，一个消费者只能被归类为某一个产品市场。实际上，消费者的决策过程会随着商品不同的品类和生命周期出现很大的变化。

随着市场研究的普及，营销人员开始尝试自下而上的市场细分方式。和传统的细分方式不同，他们通过调查问卷的方式把消费者按照类似的偏好和行为模式进行分组。这种方式的特点是自下而上进行细分，细分过程更为详尽，也就是说每一个消费者都可以被单独细分成一个市场。具体来说，此类细分方式包括心理因素细分和行为细分两种。

在心理因素细分中，消费者根据个人信仰、价值观，以及兴趣和动机的不同被分类。此类细分的名称大多不言自明，如"趋炎附势者"或"注重体验者"。心理因素细分还能体现消费者对特定产品或服务特性的态度，如"质量控"和"成本控"。心理因素细分可以为衡量购买行为提供很好的指标，因为一个人的价值观和态度是其决策的重要驱动力。

行为细分可以说是更为精确的细分方式，因为它能根据以往的购物行为对消费者进行反向归类。行为细分的名称通常会体现消费者的购买频率和金额，如"常飞旅客"和"大买家"。此外，有些名称还能体现消费者的忠诚度和互动程度，如"死忠粉""经常换牌子的人"和"首次购买者"。

这些技巧具有非常重要的意义，因为细分市场可以准确反映具有不同需求的消费者群体。通过这种方式，营销人员可以针对每一个群体定制营销活动。心理因素细分和行为细分的问题在于可行性较弱。像"冒险王"和"喜欢便宜货的人"这样的描述，只适合设计广告创意和拉式营销。但是在推式营销中，销售人员和一线工作者在面对消费者时很难识别这些细分市场。

因此，好的市场细分应当自上而下和自下而上兼而有之。换句话说，它应当既有实际意义又能切实可行。为此，我们必须综合四种不同的细分方式，即地理细分、人口细分、心理因素细分和行为细分。在心理因素细分和行为细分的帮助下，营销人员可以把消费者进行有意义的归类，然后再向每一个细分市场赋予地理和人口描述，使其变得切实可行。

描绘用户画像

接下来要做的是对兼具四种细分方式的消费者群体进行虚构描述,即描绘用户画像。举例如下:

约翰是一位 40 岁出头的数字化营销经理,拥有 15 年的工作经验,目前在一家大型消费品包装公司任职。他主要负责在各大社交媒体上设计、开发和实施营销活动,向营销总监汇报工作。

营销总监通过评估电商渠道的品牌知名度和在线转换率来衡量约翰的工作表现。除了努力实现业绩达标,约翰还必须关注营销成本,他认为数字化营销活动应具备较好的成本效益。

为完成任务,约翰必须和同事以及数字化营销机构合作。他有五位下属,分别负责五个不同的媒体渠道。约翰的合作方包括搜索引擎优化服务公司和社交媒体平台,协助其管理网站和内容营销活动。

上面的用户画像描述有助于数字化营销机构或数字营销自动化软件公司开发新的客户。它以虚构方式列出了用户的特征,以及用户最关心的问题有哪些。通过这种方式,我们可以设计出更适合市场的营销策略。

市场细分和消费者描述对营销人员至关重要。大数据的出现为营销人员搜集新型市场数据和实施微观细分带来了新的希望(见图 8-1)。消费者数据库和市场调查不再是获取消费者信息的唯一手段,媒体数据、社交数据、网络数据、交易数据、物联网数据和参与度数据都可以用来补充消费者信息。企业要面对的问题是怎样开发一套可涵盖上述所有内容的数据生态系统。

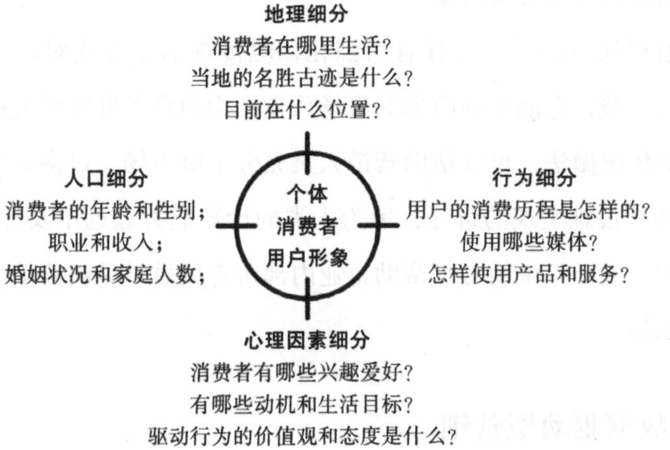

地理细分
消费者在哪里生活？
当地的名胜古迹是什么？
目前在什么位置？

人口细分
消费者的年龄和性别；
职业和收入；
婚姻状况和家庭人数；

个体消费者用户形象

行为细分
用户的消费历程是怎样的？
使用哪些媒体？
怎样使用产品和服务？

心理因素细分
消费者有哪些兴趣爱好？
有哪些动机和生活目标？
驱动行为的价值观和态度是什么？

图 8-1　单一客户市场消费者描述

数据生态系统建成后，营销人员可使用下面两种方式强化现有的营销细分活动：

1. 大数据技术可以帮助营销人员把市场细分到最微小的单位，即个体消费者。营销人员可开发出适合每一个消费者的真实用户画像。在此基础上，企业可以实现一对一营销或单一客户市场营销，针对每一个消费者量身定制产品和营销活动。在强大的运算能力的支持下，用户画像可以细微到无以复加的地步，所搜索的用户信息可以无限增加。

2. 大数据可以让市场细分呈现出动态变化，帮助营销人员随时改变策略。在变化的市场环境下，企业可实时跟踪消费者从一个细分市场向另一个细分市场转移。以航空旅客为例，他们在出差时喜欢享受商务舱的舒适，但自费旅行时会选择经济舱的实惠。此外，营销人员还可以对营销干预的效果进行跟踪，观察能否把善变的消费者转变成忠实的用户。

值得注意的是，尽管有所强化，但传统细分方式对营销工作仍大有裨益，它能实现简单的市场认知。为消费者群体贴上描述性标签的传统做法，可以帮助营销人员充分了解市场。过多的单一客户市场是很难实现的目标，因为人类的计算能力远远不及计算机。简单明了的标签说明可以帮助企业内部所有成员对品牌营销形成统一的认知。

设计数据驱动型营销

好的营销活动源自深刻的市场观察。营销人员进行市场调查的方式在过去几十年中得到了很大的完善，他们也因此获得了竞争对手无法了解到的很多信息。在营销规划周期开始之前，定量研究和定性分析的结合已成为每一个营销人员的标准做法。

近十年来，营销人员一直希望建立一个强大的消费者数据库，以实现更好的客户关系管理。大数据技术的普及推动了数据驱动型营销的出现。营销人员普遍认为，隐藏在海量数据之下的实时信息具有重要的指导意义，可以把营销活动提升到全新的高度。为此，他们开始认真思索，怎样才能把市场调查和分析研究这两种完全不同的技术融合到同一个数据管理平台。

尽管前景无限，但并没有多少企业真正明白怎样做数据驱动型营销。大多数公司花费大笔资金进行技术投资，结果并没有体验到数据生态系统带来的好处。数据驱动型营销活动的失败主要源自下面三个方面的原因：

1. 企业经常把数据驱动型营销视为信息技术开发项目。当项目启动时，它们花费大量时间和精力去挑选软件工具，投资基础设施，雇用数据工程师。实际上，数据驱动型营销属于营销项目。信息技术基础设施的开发应遵循营销战略的需要，而不是反其道而行之。换句话说，营销人员必须成为项目的主导者，负责整个数据驱动型营销活动的定义和设计。很多市场研究人员都认为，大量数据并不等于好的营销观点。问题的关键是要通过建立清晰的营销目标，明白要从海量信息数据中找寻什么。

2. 大数据分析经常被认为是万能的，能够洞察所有消费者，解决各种营销难题。大数据并不是传统市场研究技术的替代物，特别是那些高触点研究技术，如人种研究、可用性测试和口味测试。实际上，大数据和市场研究技术应相互补充，取长补短，因为数据驱动型营销同时依赖这两种技术。市场研究应定期开展，以明确具体的营销目标。同时，大数据可用于信息的实时搜集和分析，以便随时对营销活动做出改善。

3. 大数据分析可支持很多自动化应用，这会让企业误以为一旦投入使用，系统就可以自主运行。这是一种天真的想法，它需要营销人员向算法黑箱输入大量数据集，并且对算法提出的所有问题做出即时回答。实际上，营销人员在数据驱动型营销活动中仍有很大的实践空间。尽管机器在识别数据模式方面的能力远超人类，但它仍离不开营销人员的经验和情境知识，这些都是过滤和解读数据模式必不可少的能力。更重要的是，计算机的帮助作用再大，最终也要靠营销人员设计新的产品或活动来实现营销目标。

第一步：确定数据驱动型营销的目标

做事之前要有明确目标，这一点似乎人人都明白。然而实际情况并非如此，很多数据驱动型营销项目在启动之后才发现目标并不明确。此外，大多数项目目标模糊不清是因为营销人员希望一次性实现所有目标。这样一来，项目就会变得高度复杂，原本经过验证的目标也变得难以实现，最终导致企业以失败告终。

数据驱动型营销的应用案例有很多，应用范围也十分广泛。在大数据技术的帮助下，营销人员可以探索新的产品和服务创意，对市场需求进行评估。企业可以定制产品和服务，营造个性化的消费者体验。此外，计算合理的价格以及设计动态定价模型也需要数据驱动型营销的支持。

除了帮助营销人员确定要提供哪些产品和服务，大数据还有助于确定如何交付产品和服务。在营销传播领域，营销人员使用大数据进行受众定位、内容开发和媒体选择。此类应用对于推送营销很有帮助，如渠道选择和销售线索开发。数据应用在售后服务和客户维护方面也很常见。大数据常用于预测客户流失率，以及服务补救措施的选择。

尽管用途广泛，在启动数据驱动型营销活动时我们必须把关注点放到一两个目标上。人类天生会对不了解的事务保持谨慎，数据驱动型营销的技术性细节会让企业内部所有人都感到陌生和恐惧。

小范围目标便于传播，有利于调动企业内部的所有人员参与，特别是那些持怀疑态度的人。这种目标可以统一各部门思想，吸引全体人员参与并保证责任分工。明确的目标可以让营销人员思考效果最佳的实现手段，将其作为自己的第一任务目标。当营销人员选择影响力最大的目标时，企业就能成功实现快速开发，吸引消费者成为产品和服务的早期用户。

只有设定明确的目标，数据驱动型营销才能成为可衡量和责任分工清晰的活动（见图 8-2），数据分析生成的观点才会更可行，实现具体的营销改善。

提供哪些产品和服务	如何支付产品和服务
• 探索新的产品和服务创意 • 评估市场对产品和服务的需求 • 推荐下一件商品 • 开发定制化产品和服务 • 实现消费者体验个性化 • 为新产品确定合适的价格 • 实施动态定价策略	• 发现并定位合适的受众群体 • 确定合适的营销信息和内容 • 选择合适的媒体组合进行传播 • 选择渠道组合投放市场 • 描绘用户画像，生成并培育销售线索 • 设计客服层次 • 发现潜在投诉和顾客流失率

图 8-2 数据驱动型营销的目标（示例）

第二步：确定数据需求和可用性

在数字化时代，数据量呈指数级增长。不但数据的细节程度在加深，数据的种类也在扩展。尽管如此，并不是所有的数据都有价值且相关。当企业缩小营销目标后，还必须确定哪些才是应该搜集和分析的数据。

大数据的分类不存在唯一正确的方法。下面几种方式有助于营销人员依据来源对数据进行分类：

1. 社交数据，包括社交媒体用户分享的所有信息，如位置、人口特征和兴趣爱好。

2. 媒体数据，包括传统媒体的受众衡量，如电视、广播、印刷品和影院。

3. 网络数据，包括用户浏览网络生成的所有日志，如网页浏览、搜索和购买记录。

4. 交易数据，包括消费者所有的交易记录，如位置、金额、信用卡信息、商品、时间，以及消费者证件。

5. 物联网数据，包括互联设备和传感器搜集到的所有信息，如位置、温度、湿度、与其他设备之间的距离，以及消费者生命体征。

6. 参与度数据，包括来自企业和消费者之间的直接触点的所有数据，如呼叫中心数据、电子邮件往来和聊天数据。

营销人员应制订数据搜集方案，列出实现预定目标必须获取的所有数据。使用数据矩阵可以很好地帮助我们实现这一目标。横向观察矩阵，营销人员可以判断是否具备实现目标所需的足量数据。我们可使用三角法获取有效的观点：利用多重数据来源构建聚合性思维。纵向观察矩阵，有助于营销人员了解从每一种数据来源能获得哪些信息（见图 8-3）。

前面所列的一些数据类型，如交易数据和参与度数据，是营销人员可以掌握的内部数据。但是，并不是所有内部数据都是现成可用的。鉴于数据记录的整理情况和维护情况各有差异，营销人员有时必须对数据进行净化，具体包括修正有误的数据集，合并重复数据，以及处理不完善的记录等。

目标	所需的分析	数据来源					
		社交数据	媒体数据	网络数据	交易数据	物联网数据	参与度数据
为营销传播选择正确的媒体组合	受众描述和定位	×	×	×	×	×	×
	消费者体验历程描述	×	×	×	×	×	×
	内容分析	×		×			
	媒体习惯	×	×	×			
	集客营销效力	×		×	×		×

数据三角化 ⟶（指向表格行）

分析重点 ⟶（指向表格列）

图 8-3 数据矩阵框架

其他数据集，如社交数据和媒体数据，属于外部数据，必须通过第三方才能获得。还有一些数据可以从价值链合作伙伴那里获得，如供应商、物流公司、零售商和外包公司。

第三步：建立一体化数据生态系统

大多数数据驱动型营销活动都是临时安排的敏捷型项目。但是从长期来看，数据驱动型营销必须成为一种常规操作。为确保数据收集活动得到很好的维护和持续更新，企业必须建立一套可整合所有外部数据和内部数据的生态系统。

数据整合问题最大的困难是怎样找到适合所有数据来源的共同点。最理想的方式是把数据整合到个体消费者的层次，这样能很好地实现针对单一客户市场的营销。良好的记录行为可以确保企业获得的有关消费者的所有数据集始终与用户的独特身份保持关联。

内部数据来源可直接使用，使用消费者身份获取外部数据虽然可行但存在很大的挑战。例如，当消费者使用社交账号登录电子商务网站时，如谷歌或Facebook，社交数据和购物数据就会与用户身份进行整合。数据整合的另一个例子是使用顾客忠诚度跟踪软件连接智能信标传感器。当消费者携带手机进入传感器覆盖范围时（如超市货架之间的过道），其移动轨迹就会被传感器记录下来。这种方式适用于在实体店内跟踪消费者的移动路径。

当然，考虑到隐私问题，我们不可能把所有的数据都整合到个体消费者的层次。折中的办法是用具体的人口细分变量作为共同点进行整合。例如"18～34岁之间的男性消费者"群体，这个特殊命名可以从与其相关的所有数据来源中整合全部信息要素。

每一种动态数据集都必须在单一数据管理平台上存储，以便营销人员实现对数据的全面获取、存储、管理和分析。任何具有新目标的数据驱动型营销新项目都必须使用同一个平台进行管理，这样做有助于扩大数据生态系统的规模，当企业决定使用机器学习方式进行自动化分析时可以为其提供很大的便利。

小　结：
开发数据生态环境，实现精准营销定位

大数据的出现改变了市场细分和定位的传统概念。消费者数据的广度和深度都出现了指数级增长。媒体数据、社交数据、网络数据、交易数据、物联网数据和参与度数据的充分组合，可以生动

地描绘出每一个具体用户的画像，推动营销人员实现针对单一客户市场消费者的营销。

在数字化时代，营销的问题不再是数据缺乏，而是如何发现具有重要意义的数据。因此，数据驱动型营销在启动时必须确定明确的目标。确定目标后，营销人员需要搜集相关的数据集并将其整合到统一的数据管理平台，然后把平台连接到分析引擎或机器学习引擎。在此基础上，企业才能更为深刻准确地了解产品开发和营销活动。

数据驱动型营销不应被视为信息系统开发活动。在开发过程中，营销管理团队必须时刻发挥领导作用，调动包括信息系统在内的公司所有部门齐心协力完成开发。数据驱动型营销并不能一劳永逸地解决营销问题，不能采用自主实施模式，企业中每一位营销人员的参与仍是不可或缺的。

思考问题

1. 改善数据管理能为你所在的企业带来哪些营销方面的进步？有哪些显而易见的好处？
2. 怎样为你的产品和服务进行市场细分？请设计一份实施路线图，以实现单一市场客户细分。

MARKETING
5.0
第九章

预测性营销：
主动预测市场需求

2001年美国职业棒球大联盟赛季结束后，奥克兰运动家队失去了三名未签约的自由球员。面对有限的资金和寻找新球员的压力，当时担任球队总经理的比利·比恩（Billy Beane）另辟蹊径，决定使用数学分析技术为下个赛季组建一支强队。他舍弃了使用星探和内部消息的传统做法，开始使用赛伯计量学———一种赛内统计分析技术。

通过数据分析，球队发现像上垒率和长打率等被低估的指标，在预测球队表现方面要比传统的进攻统计更为有效。因为其他球队不愿招募拥有这些资质的球员，奥克兰运动家队的这一发现既挖掘到了实力被低估的球员，又不用支付高额的签约费。这一成功故事后来被记录到迈克尔·刘易斯（Michael Lewis）的书中，由导演贝尼特·米勒（Bennett Miller）拍成了同名电影《点球成金》（*Moneyball*）。

很快，这一成功做法受到了其他体育俱乐部和全球投资人的注意。波士顿红袜队和利物浦足球俱乐部的老板约翰·亨利（John Henry）就是其中之一。他也开始利用数学模型对利物浦足球队进行改造。这支足球队尽管有过辉煌的历史，但现在在英格兰足球超级联赛（简称"英超"）中一直表现不佳。经过数据分析，俱乐部任命尤尔根·克洛普（Jürgen Klopp）担任主教练并招募了几位有潜力的球员。最终，利物浦足球俱乐部成功赢得了2018～2019赛季的欧洲冠军联赛（简称"欧冠"）以及2019～2020赛季的英超冠军。

上面的案例对预测性分析工具进行了概括，它能帮助企业预测市场动向。在传统营销活动中，营销人员主要依靠对过去行为的描述性统计，在此基础上凭借个人直觉猜测市场的反应。在预测性分析工具中，大部分分析工作是由人工智能完成的。它能通过机器学习引擎分析载入系统的以往数据并从中发现特定的行为模式，即预测模型分析。完成分析后，只要向模型输入新的数据，营销人员就可以预测出未来的消费行为，如哪些群体会购买产品，哪种产品畅销，以及哪些营销活动会起作用。预测性营销高度依赖历史数据，为此企业必须开发完善的数据生态系统（参见第八章）。

拥有先见之明，企业就能更主动地进行前瞻性投资。例如，企业可以预测当前进行小额交易的顾客未来会不会成为大客户。这样一来，向特定顾客投入资源进行开发的决策就可以得到优化。在向新产品开发领域投入大量资源之前，企业可使用预测分析工具对开发创意进行过滤。总而言之，预测性分析可为营销投资带来更好的回报。

预测性分析并不是新鲜概念。多年来，数据驱动型营销人员一直在开发回归模型，试图发现消费行为和营销成果之间的因果关系。随着机器学习技术的出现，计算机不再需要数据工程师预设算法，它们可以自动识别模式和模型。在"黑箱"式机器学习基础上形成的预测模型，其能力甚至远超人类的理解水平和推理水平。这是一项很大的突破，营销人员在对未来进行预测时不再受以往的偏见、假设，以及片面世界观的局限。

预测性营销的应用

预测分析使用并分析历史数据，是一种超越描述统计的技术。描述统计学适用于对企业过去的表现做回溯性总结，分析现象背后的原因。有远见的企业不仅需要了解过去的情况，更需要对未来进行预测。此外，预测分析也不同于实时分析，后者适用于在情境化营销（参见第十章）中做出快速响应，或是在敏捷营销（参见第十二章）中测试营销活动。

预测分析可通过剖析消费者以往的行为模式，评估未来出现类似行为或相关行为的可能性。它能通过大数据发现细微的模式，然后为企业推荐最佳的行动方式。这是一种高度以未来为导向的技

第九章 预测性营销：主动预测市场需求

术，可以帮助营销人员有效了解行为趋势，提前做好营销准备，并对营销成果产生积极影响。

预测分析对主动应用和预防性应用十分重要，它有助于完成企业的营销规划活动。作为一项功能强大的工具，预测分析技术可以帮助营销人员提高决策能力（见图 9-1），帮助他们确定哪些市场情况有可能出现，哪些消费者值得投入营销资源。此外，预测分析技术还能在实际展开营销活动之前评估哪些营销活动和策略最有可能取得成功，从而极大地降低失败的风险。

- 寻找追加销售和交叉销售机会
- 预测消费者忠诚度，探测流失率
- 为每个顾客确定下一步最佳行动

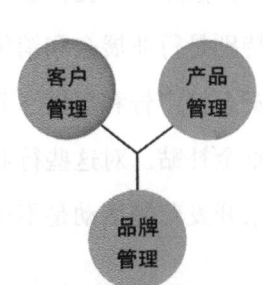

- 预测产品成功发布的可能性
- 为每个顾客提供个性化产品价值定位
- 从产品库中推荐最合适的产品

- 预测可行的营销活动
- 预测哪种营销内容可引发消费者共鸣
- 使用营销内容在数字化体验历程中引导消费者

图 9-1　预测性营销的应用

预测性客户管理

在不了解消费者未来贡献的情况下，定位和服务市场无异于营销投资的噩梦。无论是广告、直效营销、客服支持还是客户管理，为了吸引和培育消费者，营销人员必须决定是否应当投入客户开发和服务成本。通过对客户进行价值评估，预测分析技术可以帮助营销人员在这个方面做出更好的决策。

为实现客户管理而使用的预测模型被称为客户资产模型。它能衡量客户终身价值，即客户在和企业关系存续期间产生的全部未来净收入的现值。客户资产模型可为投资回报提供长期性和前瞻性观察。这一工具对企业具有非常重要的意义，由于客户开发成本很高，大部分客户在营销投入的前两年并不会创造多少利润。

这一理念对于强调长期客户关系的B2B企业和服务业尤其适用，如银行和电信企业。为企业客户提供服务的公司往往需要投入大量的顾客开发成本，特别是行业展会和销售人员的成本。与此类似，银行需要投入很多资金打广告和提供注册奖励，电信公司为吸引新用户注册不惜投入重金补贴。对这些行业的企业来说，针对一次性交易和短期客户关系开发营销活动是不可能的，因为营销成本太高。

利用分析技术评估客户终身价值的作用，是预测客户对追加销售产品和交叉销售产品的反应。这种分析算法通常以客户的历史数据为基础，分析具有类似特征的消费者会同时购买哪些产品。此外，营销人员还可以预测每一个消费者与企业关系存续时间的长短。预测分析技术可以探测顾客流失率，更重要的是能够发现顾客流失的原因。在此基础上，企业可以开发有效的营销策略防止这种情况的发生。因此，预测分析技术不但可以预测客户终身价值，还可以提高和改善其终身价值。

当客户特征及其终身价值得到确定之后，营销人员即可实施下一步最佳行动营销。这是一种以客户为中心的营销活动，营销人员必须为每一位顾客设计明确的、按部就班的行动方案。换句话说，这是一种针对"单一客户市场细分"的营销方案。从数字营销平台到销售人员服务，多渠道互动可以帮助营销人员有效地引导顾客，提供从售前到售中和售后的全方位服务。无论在哪一个阶段，预测分析技术都可以帮助营销人员提前了解下一步该怎么做——是要派发更多营销资料，做产品演示，还是派销售人员登门拜访？

在较为简单的营销活动中，企业还可以实施以终身价值为基础的顾客分层，其本质实际上是一种资源分配手段。这决定着企业需要为开发和维持每一个层级的客户投入多少资金。根据客户分层，营销人员可以确定应优先和哪些客户建立关系，并随着时间的推移把他们推向更高的层级。

此外，客户分层还可以成为企业向不同消费者提供差异化客户界面的基础。换句话说，利润贡献水平较高的客户可获得专属客服支持，其他客户可获得自动化数字服务界面支持。（参见第十一章）

预测性产品管理

营销人员可以在整个产品生命周期内使用预测分析技术。预测活动甚至可以出现在产品开发创意阶段。根据对市场上畅销产品的属性分析，企业可以开发出综合所有特性的新产品。

此类预测性营销应用可以使产品开发团队避免反复重新设计产品特性。在市场测试和实际发布过程中具有较大成功机会的产品设计和原型开发，可以为营销人员节省高额开发成本。此外，预测性产品管理还可以把很多外部数据反馈给算法，如哪些产品畅销，哪些产品容易引发潜在消费者共鸣。在此基础上，营销人员可以主动出击，抢在竞争对手行动之前把握住市场趋势。

以网飞公司为例，面对对手的竞争，这家媒体公司开始开发原创内容以强化自身优势，并放眼未来，逐步降低其内容成本。为此，网飞使用分析技术辅助决策活动，以便了解哪些原创剧集和电影在市场上更受欢迎。例如，电视剧《纸牌屋》就是在分析预测的基础上制作的一部热门剧。该剧集由凯文·史派西（Kevin Spacey）担任主演，大卫·芬奇（David Fincher）担任导演，是一部根据英国电视剧改编的政治剧。

对于如何从现有产品中为客户选择最合适的产品，预测分析技术也能发挥重要的作用。此类应用使用的预测算法名为推荐系统，可基于客户的历史行为和类似客户的购买偏好向客户推荐产品。行为趋势模型可以评估在提供特定产品的情况下，具备某种特征的客户购买该产品的可能性。以此为基础，营销人员可以为客户提供个性化的价值定位。分析模型工作的时间越长，系统搜集的客户反馈就越多，算法提供的产品推荐就越精准。

这种推荐引擎近年来在很多企业都得到了应用，如零售业巨头亚马逊和沃尔玛，数字服务企业YouTube和Tinder（一款手机交友应用）。除此之外，产品推荐服务还可以应用到其他行业。任何拥有大量客户和丰富的产品或内容选择的企业，都可以得益于产品推荐引擎的服务。此类分析模型可以帮助企业自动实现产品和市场的匹配。

此外，预测推荐模型有助于识别不同产品的搭配销售和使用。这种建模过程涉及产品的关联分析。例如，购买衬衣的顾客大多会同时选购西裤和皮鞋作为搭配。阅读新闻报道的用户多半会阅读同一位记者撰写的其他文章，或是希望了解与该报道相关的其他内容。

预测性品牌管理

预测分析技术可以帮助营销人员规划品牌和营销传播活动，特别是在数字媒体的传播活动。主要的数据分析需求包括阐述完整的受众群体形象，总结活动成功传播的关键要素。预测分析有助于预判未来哪些营销活动可能取得成功。鉴于机器学习的持久性，品牌管理人员可以持续对营销活动进行评估，改善营销过程中的不足之处。

在设计广告创意和开发内容营销活动时，品牌管理人员可利用机器学习技术，测定消费者对文案和视觉方案的不同组合方式的感兴趣程度。针对社交媒体和第三方评论网站的情绪分析有助于营销人员了解消费者对品牌和营销活动的感受。另外，预测分析技术还能通过数据揭示哪些数字营销活动最受网民欢迎。在此基础上，品牌管理人员可以开发富有创意的广告和内容，实现营销成果的优化，如激发积极情绪和高点击率。

预测分析技术可作为一种向适合的受众发布相关内容的有力手段。具体方式有两种，一是企业先设计品牌内容，然后了解哪些目标市场最容易接触品牌内容，以及何时何地吸引他们的参与；二是企业先描述消费者特征，然后预测哪些品牌内容在整个消费者体验历程中最容易引发用户共鸣。

由于企业品牌宣传中包含的内容五花八门，消费者往往会感到很难发现自己需要的信息。使用预测模型可以很好地解决这一问题，它能预测出最佳的受众和内容组合。在此基础上，营销人员可以有条不紊地组织品牌内容，针对目标受众进行有效的定向传播。

在数字化空间中，企业可以在各个网站和社交媒体上轻松跟踪消费者的行动轨迹，进而准确地预测出他们在下一次数字化互动中的行为。有了这些信息，营销人员就可以设计出内容随用户变化而变化的动态网站。当消费者浏览网站时，分析引擎会预测下一步最佳内容，逐渐强化对用户的吸引力，一步步诱导他们实现产品购买。

建立预测性营销模型

开发预测性营销模型的技术有很多种，形式上有繁有简，不一而足。要想开发出好的预测模型，营销人员离不开统计学家和数据科学家的帮助。营销人员并不需要深入了解统计模型和数学模型，但他们有必要了解预测模型运作的基本原理，只有这样才能指导技术团队选择适用的数据和需要发现的模式。另外，营销人员的另一个作用是对模型进行解释，以及对预测在应用中的部署情况进行说明。

下面是营销人员最为常用的几种预测模型：

进行简单预测的回归模型

回归模型是最基本也是最实用的预测分析工具。它能评估自变量（或解释性数据）和因变量（或响应数据）之间的关系。因变量是营销人员希望获得的结论或成果，如点击率和销售数据；自变量是可能对结论产生影响的数据，如营销时机选择、广告文案和消费者人口特征。

在回归分析中，营销人员的目标是寻找可说明自变量和因变量之间关系的统计方程。换句话说，一直以来，营销人员试图了解的是哪些营销活动会对消费者产生最大的影响，同时能为企业带来最佳的营销成果。

回归分析相对于其他模型的简单性使其成为最受欢迎的分析技术。回归分析可用于多种预测性营销应用，如开发顾客资产模型、消费趋势模型、流失率探测模型，以及产品关联模型。

通常，回归模型的应用可分为以下几个步骤：

1. 搜集自变量和因变量数据

为进行回归分析，营销人员必须同时搜集自变量和因变量数据，而且要有足够的数据样本。例如，营销人员可以搜集大量的色彩样例和点击率数据，进而分析广告条的色彩会对用户点击率产生怎样的影响。

2. 发现可解释变量间关系的方程

通过使用统计软件，营销人员可以绘制出与数据关系最为吻合的方程。最简单的方程呈直线形式，即通常所说的线性回归直线。另一种常见的形式叫逻辑回归方程，使用逻辑函数模拟二进制因变量，如是否购买、顾客是否流失等行为。因此，逻辑回归常用于预测一种结果出现的可能性，如购买产品的概率。

3. 揭示方程意义，核对准确性。

我们可以通过下面的例子对回归方程进行说明：

$$Y = a + bX_1 + cX_2 + dX_3 + e$$

在这个方程中，Y 是因变量，X_1、X_2 和 X_3 是自变量。a 是截距，可反映出自变量影响无效的情况下的 Y 值。b、c 和 d 是自变量系数，表示自变量可对因变量产生多大程度的影响。在这个方程中，我们还可以分析误差项 e，即残差。回归方程总是会存在误差，因为自变量并不能准确全面地说明因变量。误差项越大，方程的精确度就越低。

4. 给出自变量并预测因变量

方程确定之后，营销人员就可以在给定自变量的条件下对因变量进行预测。通过这种方式，我们可以在综合各种营销数据的基础上预测出营销活动的成果。

推荐系统的协同过滤

协同过滤是开发推荐系统最为常见的技术，其基本假设前提是，消费者喜欢与曾经购买过的产品类似的产品，喜欢具有相同消费偏好的其他人购买的产品。在此基础上，推荐模型就可以帮助消费者对产品共同评分，形成协同过滤效应。根据营销人员向消费者推荐的计划，推荐系统既可用于产品推荐也可以用于内容推荐。

简言之，协同过滤模型是按照下面的逻辑顺序进行工作的：

1. 从大量客户群中搜集消费行为偏好数据

为衡量客户对产品的喜爱程度，营销人员可开发一套评分系统，采用简单的喜欢／不喜欢单选方式（如 YouTube 网站）或是五星评分方式（如亚马逊网站）。或者，营销人员可以根据消费者的行为方式了解用户偏好，如阅读一篇文章、观看一段视频，或是把产品添加到心愿清单或购物车中。例如，网飞公司是通过测量用户观影次数的方式来了解消费者行为偏好的。

2. 对类似的消费者和产品进行分组

喜欢对类似产品打分且表现出类似行为模式的消费者可以被划分成一类。这种细分方式假设此类消费者是具有相同的心理因素（基于用户喜好）和行为方式（基于用户行动）的群体。此外，营销人员还可以反向操作，把特定消费者群体给出相似评分的产品进行分类。

3. 预测消费者可能对新产品打出的评分

接下来，以类似消费者提供的评分为基础，营销人员可以预测出消费者对未曾见过的产品给出怎样的评分。预测评分对营销人员提供正确的产品至关重要，只有正确的产品才能吸引消费者的关注并最终诱发购买的可能性。

支持复杂预测的神经网络

神经网络，顾名思义，是指对人脑内部生物神经网络运行方式的简单模拟。神经网络是目前最受关注的一种机器学习方式，可以帮助企业开发复杂的预测模型。通过处理大量的数据和各种过往案例，神经网络模型可以进行经验学习。目前，神经网络模型已经得到了不少应用。例如，谷歌利用神经网络技术和开源软件开发的机器学习平台 TensorFlow 已经向大众开放使用。

不同于简单的回归模型，神经网络被认为是一种黑箱技术，因为其内部工作原理很难被人类所理解。从某种方式上说，这种情况就好像人类很难解释为什么会凭借手头的信息做出决策判断一样。然而，对于数据科学家和企业团队无法确定最佳算法应用的非结构化数据，神经网络可以针对此类问题开发合适的分析模型。

简单地说，神经网络是按照以下步骤进行工作的：

1. 载入输入和输出两套数据

神经网络模型包含一个输入层、一个输出层和位于两者之间的隐藏层。类似于回归模型的开发，系统会把自变量载入输入层，因变量载入输出层。唯一的不同之处是隐藏层，这里包含的就是黑箱算法。

2. 让神经网络揭示数据之间的关联

通过连接数据，神经网络可以导出某个函数或预测模型。这种工作方式有点像人类大脑在学习过程中对各种经验细节的串联。神经网络可以发现各种数据集之间存在的模式和关系，如相关关系、关联关系、附属关系和因果关系。有些数据关系甚至是人类以前从未发现过的。

3. 利用隐藏层的结论模型预测输出值

根据样例数据导出的函数，可以在输入新数据的条件下预测输出值。通过把实际输出值重新载入神经网络，机器学习算法可以校正误差，不断改善隐藏层的分析功能。这就是机器学习。尽管由于功能复杂，这种技术还不能深刻揭示现实生活中的问题，但不断改善学习算法的神经网络模型可以在预测方面表现得非常准确。

预测模型的选择取决于企业希望解决的具体问题。如果是（数据高度）结构化、易于理解的问题，应用回归模型就足够了。如果问题涉及未知的因素或算法，神经网络式机器学习模型可以很好地发挥作用。营销人员还可以使用两种以上的模型对数据进行最佳组合（见图 9-2）。

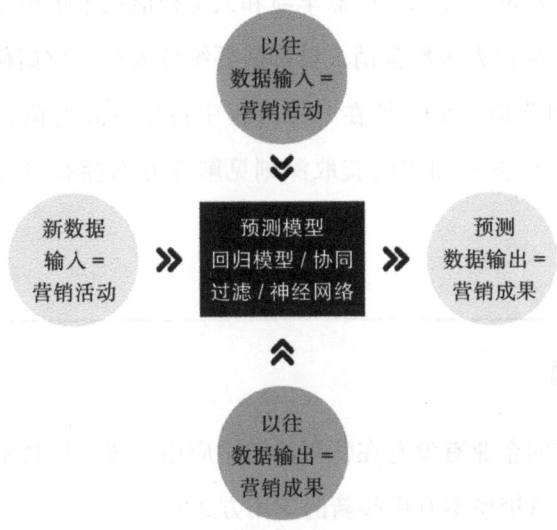

图 9-2　预测性营销模型工作原理

小　结：
主动预测市场需求

通过预测各种营销活动的成果，数据驱动型营销人员可以始终掌握营销先机。在消费者管理方面，预测分析技术可以帮助企业在投入营销成本之前评估潜在消费者的价值，做到有的放矢，确定应当为顾客开发活动投入多少资金。

在产品管理方面，营销人员可以在发布原型产品之前预测销量，根据大量数据分析确定哪些产品线适合开发追加销售和交叉销售。预测模型还可以帮助品牌管理人员分析消费者情绪，了解怎样开发品牌才能赢得用户共鸣。

预测性营销模型有几种不同的开发技术，包括回归模型、协同过滤和神经网络技术。机器学习和人工智能技术也可用于预测模型的开发。尽管大多数营销人员都需要统计人员和数据科学家的技术协助，但营销人员必须在开发过程中占据主导地位，因为他们对模型的工作方式和如何获取深刻见解等方面拥有更为战略化的认识。

思考问题

1. 你所在的企业有没有在营销活动中应用预测分析技术？你认为预测性营销模型有哪些新的应用方式？
2. 预测性营销应当怎样部署并整合到业务经营过程中？怎样让整个企业适应预测分析模型的应用？

MARKETING
5.0
第十章

情境化营销：
打造个性化感知–响应体验

2019年，美国沃尔格林公司（超市）开始试用智能冰柜。这款冰柜装有摄像机、传感器，以及可显示内部物品和个性化广告的数字屏幕冰柜门。出于隐私方面的考虑，虽然智能冰柜不能进行面部识别和储存用户身份信息，但它可以预测消费者的年龄和性别。冰柜使用面部探测技术推断附近消费者的人口特征和情绪反应，还能利用眼动跟踪和运动传感器判断消费者的兴趣。

通过结合上述信息以及天气和时事新闻等外部信息，人工智能引擎可以选择特定的产品和促销内容投放到屏幕上。冰柜还能监测用户取用了哪些物品，在关上门后为消费者推荐相关的产品供其选择。显然，这款产品搜集了大量的消费者行为数据，以及产品包装和营销活动等方面的信息。

这款由 Cooler Screens 公司提供技术的智能冰柜系统在很多方面都具备优势。沃尔格林公司发现，安装了该冰柜系统的店面都出现了客流量和业务量的增长。通过播放广告，这家连锁店还能获得额外的营业收入。出于实验目的，这项技术还推动了价格和促销活动的快速变化，帮助产品品牌监测库存情况，同时为商家最新的营销活动做出反馈。

在数字化营销领域，此类动态广告和情境内容模式并不是新鲜事物。根据消费者的网上浏览记录，企业品牌一直都在利用这些技术推送定制化广告。在智能冰柜案例中，品牌的营销模式延伸到了零售渠道，实现了数字内容和真实世界的结合。如今，在下一代技术的帮助下，营销人员可以用自动化方式展开情境化营销。

的确，下一代技术的长期目标，如物联网和人工智能技术，是要复制人类的情景感知能力。熟谙用户心理的营销人员可以在合适的时间和地点，为合适的消费者提供合适的产品。与消费者建立起长期关系、经验丰富的销售人员深知顾客的不同喜好和特点，可以为他们提供量身定制的产品解决方案。在物联网和人工智能技术的帮助下，企业营销的新使命是如何为消费者提供大规模的情境化体验。

开发智能感应基础设施

人类通过感知周围环境的方式形成情境感知能力。我们通过观察他人的面部表情和身体姿势来判断对方的情绪，判断他们是生气还是高兴。计算机要做到同样的事情，必须依靠各种传感器搜集各种线索供人工智能进行处理和判断。

在电子收银系统使用距离传感器探测情境反应

开发人工智能型情境营销能力，第一步要搭建由各种传感器和设备（特别是电子收银系统）互联而成的生态系统。信标是电子收银系统中最为常见的传感设备，这是一种低能耗的蓝牙发射装置，可以和附近的设备进行数据传输。在实体店内部安装多个信标之后，营销人员就可以确定消费者的位置并进行移动跟踪。营销人员还能使用传感器向互联设备发送个性化内容，如推送通知。

企业需要确定哪些特定情况会触发传感器执行位置跟踪操作。显然，顾客的出现是最好的情境触发条件。这个问题的棘手之处在于，怎样才能识别消费者的身份或特征，确保为其提供真正个性化的反馈。例如在零售店内，某个正在走向货架，年龄和性别都符合特征描述的消费者很可能就是需要系统发送定制化折扣信息的用户。此外，天气等环境变量也会成为情境触发条件。例如，烈日炎炎的户外正适合冷饮产品的促销（见图10-1）。

智能感应系统要想发挥作用，离不开消费者的手机为商家提供其位置信息。作为一种智能设备，手机和消费者几乎形影不离。智能手机正在逐步取代钱包、钥匙和摄像机，成为很多人必不可少的生活必需品。最重要的是，智能手机可安装多种传感设备，可以随时随地通过蓝牙或移动网络与其他设备保持连通。通过这种方式，移动电话可以和传感器实现连通和通信。

图 10-1　情境化营销机制

当持有移动应用设备的消费者出现在附近时，信标或距离传感器可以自动欢迎顾客入店。例如，消费者如果安装过店家开发的手机应用程序并在程序中输入过个人信息，当用户手机在距离范围内触发传感器时，信标就会向手机应用程序发送定制化信息。

设想一下，如果超市的每一个货架，城市里的主题公园、商场、酒店、俱乐部和其他各种设施都大量安装此类传感器会是怎样的情形。企业可以使用消费者的手机作为导航工具，在用户经过每一个地点时都能提供信息和促销内容。这样做可以为消费者打造高度情境化的消费体验。目前，梅西百货、塔吉特和 CVS 等大型零售商场都在使用信标技术改善消费者体验。

未来，智能手机的作用将会被可穿戴设备，甚至是植入式设备取代。智能手机制造商正在大力开发智能手表、智能耳塞、智能手环等产品，它们将会成为消费者更为个人化的移动设备。尽管还没有达到智能手机的普及程度，一些内含消费者移动信息和健康信息的可穿戴设备仍有巨大的发展潜力。例如，迪士尼乐园和梅奥诊所使用射频识别手环对用户的位置和移动信息进行跟踪和分析。

利用生物测定技术诱发个性化行为

消费者自身也是常见的情境触发因素。即使不带任何移动设备，消费者也可以靠刷脸识别的方式触发位移探测器。作为一项快速发展的新技术，面部识别技术不但能帮助企业评估消费者的人口特征，还能识别已存入数据库的每一个用户。这项技术有助于营销人员为每一个合适的消费者提供合适的情境反应。

与沃尔格林超市及其智能冰柜相似，乐购也开始在英国的加油站超市使用面部探测技术。通过摄像机记录的司机面部照片，人工智能引擎可以推测他们的年龄和性别。当司机在等待加油时，系统会针对他们的人口特征发送定制化广告。

来自中国的零食品牌良品铺子，使用阿里巴巴公司的面部识别数据库对乐意尝试的消费者进行面部扫描和识别。根据阿里巴巴公司提供的数据，每当消费者走进店内，面部识别技术就能帮助店员准确找到用户喜欢的零食。在此基础上，店员可以为每一个消费者准确提供所需的产品。面部识别技术不仅适用于顾客身份识别，这家连锁超市还引入了阿里巴巴公司开发的刷脸支付功能，消费者可通过面部识别支付系统付款结账。

目前，面部识别技术已经达到可以探测人类感受的水平。通过分析图像、视频和实时影像中的人类面部表情，人工智能算法可以推断出我们的情绪。这种技术的未来应用，有助于营销人员在无人服务现场感受消费者对产品和营销活动的情绪反应。

所以，情绪探测技术可用于在线访谈和焦点小组的产品概念和广告测试活动。受访者被要求在网络镜头前观看图像或视频，然后通过系统分析他们的面部反应。例如，家乐氏公司使用Affectiva公司开发的面部表情分析技术为其坚果麦片产品开发广告。通过分析用户首次观看和重复观看广告时的表情和投入程度，企业可以很好地判断广告开发的效果。

通过在影院内安装摄像机，迪士尼公司也在试用情绪探测技术。通过对观影过程中数百万个面部表情的监测，迪士尼可以准确了解观众是否喜欢影片内容，从而更好地改善影片制作活动。

作为一项实时分析技术，情绪探测可根据观众的反应提供响应式内容。户外广告牌上的动态广告采用的正是这种技术。在英国，户外广告公司Ocean Outdoor在广告牌上安装了摄像机用以探测观众的情绪、年龄和性别，在此基础上为他们提供定制化广告内容。

情绪探测技术在汽车制造领域也实现了开发应用。一些厂家开始试用面部识别技术以改善用户的驾驶体验。通过识别车主的面孔，车辆可以自动开门、启动，并播放车主喜欢的音乐。当系统探测到车主面容疲倦时，会建议他们停车休息。

眼动跟踪传感技术是和情绪探测相关的一种技术。在这种技术的帮助下，企业可通过追踪用户眼球运动（例如在观看广告或视频时）的方式了解他们关注哪些内容。通过开发热图，营销人员可以了解广告版面的哪些区域最能激发关注者的兴奋点和参与度。大皇宫连锁酒店（Palace Resorts）在营销活动中就采用了眼动跟踪技术。这家连锁酒店开发了一个小型网站，同意接受眼动跟踪技术应用的用户可以在网站上参加一个视频小游戏。在游戏中，用户被要求在具有不同度假风格的视频片段中做出选择。根据用户目光的引导，网站可以向游客推荐最令他们感兴趣的酒店。

语音也可以用于识别人类特征并触发情境行为。人工智能可以分析语音表达的属性，如语速、停顿和音调，进而发现其中隐藏的情绪。哈门那（Humana）医疗保险公司在其呼叫中心服务中应用了 Cogito 公司提供的语音分析技术，用以了解呼叫者的情绪感受，同时向接听人员推荐合适的对话技巧。例如，如果呼叫人听起来十分气恼，人工智能引擎就会提示服务人员改变对话方式。这是一种非常有效的即时培训方式，能够让服务人员和呼叫者建立起更好的沟通关系。

英国航空公司也在尝试利用探测技术了解机舱乘客的情绪反应。该公司推出的"快乐毛毯"可以根据乘客的情绪状态改变颜色。这种毛毯上有一条头带，可以通过监控乘客脑电波的方式推断他们的情绪是紧张还是放松。这项实验能有效帮助航空公司了解乘客在飞行过程中的情绪变化，包括观看影片、用餐和睡觉等不同的状态。最重要的是，空乘人员可以利用情绪探测技术快速发现哪些乘客有不满情绪，从而有针对性地改善服务。

目前，面部表情、眼动跟踪、语音和神经信号等情绪探测技术在营销领域的应用尚未成为主流,但这些技术将会成为未来情境化营销的核心要素。除了消费者的基本人口特征之外,了解他们的情绪状态也十分重要。

针对消费者住所的直接营销渠道

物联网技术正在向消费者的住所日益渗透。从安保系统到家庭娱乐系统和家用电器系统,各种家庭设备都被接入互联网。智能房屋的出现为营销人员直接向消费者住所推销产品和服务提供了全新的渠道,它能使营销活动和消费地点实现更为密切的结合。

智能音箱是近年来发展最为迅速的家居产品,如亚马逊的Echo音箱、谷歌的Nest音箱,以及苹果的HomePod音箱。这些产品都配有智能语音助手,分别是Alexa、谷歌助手和Siri。智能音箱本质上是一种语音激活式搜索引擎,用户可以向音箱提出问题并搜索相关信息。和搜索引擎一样,随着查询问题的增加,音箱会逐渐了解用户的习惯和行为方式,从而变得更加智能。根据这一特点,我们可以把智能音箱作为一种功能强大的情境化营销渠道。

由于直接广告目前在此类平台上尚不可用,使用智能音箱系统开展营销的做法仍处于初级阶段。实际上,智能音箱在营销活动中的应用具有很大的发展前景。例如,亚马逊Echo音箱支持用户使用特定技能培训Alexa,使其功能变得更加实用。像宝洁和金宝汤(Campbell's)等公司,都在发布与其产品相关的语音服务功能。对于汰渍品牌,宝洁公司专门在Alexa上进行了功能开发,Alexa

可以回答用户数百个与洗衣相关的问题。金宝汤公司也在 Alexa 上开发新功能，Alexa 可以回答用户的各种食品配方问题。当消费者提出问题并得到回答时，企业的品牌形象就会得到强化，激发潜在消费者的购买动机。

此外，大多数智能家电的屏幕都可以变成产品促销的媒体。例如三星公司推出了带有触摸屏的 Family Hub 智能冰箱，用户可以在屏幕上写下采购清单，通过 Instacart 应用程序下单。这款智能冰箱还能帮助用户预约优步打车服务，以及从 GrubHub 外卖公司订餐。智能家电生态系统的出现，可以让营销人员在顾客需求产生时即刻为其提供理想的产品和服务。

3D 打印是家庭互联设备更为高级的技术应用。由于成本高昂且相当复杂，这项技术的应用目前仍处在早期探索阶段。可以肯定的是，3D 打印技术将会成为企业未来大力发展的一项主流应用。2014 年，好时公司和 3D 系统公司（3D Systems）共同推出了名为 CocoJet 的 3D 巧克力打印机。这款产品可以帮助用户打印各种形状的巧克力，以及在巧克力上添加任何祝福语。此类技术可以很好地促进生产侧和消费侧之间的密切关联。

尽管在 B2C 业务领域应用广泛，情境化营销实际上也非常适合在 B2B 环境下应用。由于 B2B 企业不一定具备零售渠道，企业可以把物联网传感设备安装到消费者住所的各种智能产品中。例如，重型设备制造企业通常会在售出的机器设备上安装传感设备，对机械运行状况进行监控。在此基础上，厂家可以向用户发送环境数据，提醒对方做预防保养，从而节省零件更换成本。

提供三层式个性化体验

数字化空间的定制化和个性化服务是非常简单直接的。营销人员使用与消费者相关的数字化信息为其提供高度符合用户特征的动态内容。在实体经营过程中，定制化和个性化服务高度依赖人际互动。随着物联网和人工智能基础设施的开发，企业可以应用数字化服务能力，无需过多人工干预即可为实体经营业务量身定制营销方案。

定制化营销可以通过三个层次来体现。第一层是信息化营销，营销人员可为消费者提供一系列合理方案，如营销传播信息、产品选择和价格促销。第二层是互动式营销，营销人员可开发具有双向传播界面的营销渠道，与消费者进行智能互动。第三层是沉浸式营销，营销人员可以为消费者提供全面的感官体验。

第一层：个性化信息

定位式营销的狭义应用是信息化营销中最为常见的类型。地理定位是此类营销活动最为重要和最有价值的元数据。这些数据通常可通过消费者智能手机中安装的全球定位系统（GPS）获得。对于室内应用，地理定位数据可使用距离传感器或信标得到进一步强化。

掌握这些数据之后，营销人员通常会为营销活动设定地理围栏，即围绕特定的地理目标（如零售店、机场、办公楼和学校）建立虚拟边界，然后向整个区域范围之内的受众传播定向信息。所有的社交媒体广告平台，如 Facebook 和谷歌，都可以提供地理围栏服务，确保营销活动仅在目标区域内发生。

通过促销活动，地理围栏服务可帮助企业吸引周围人流到自己的店面，或是从竞争对手那里争夺顾客。例如，丝芙兰、汉堡王和全食超市等公司都在使用定位式营销策略。以汉堡王为例，为了和麦当劳一争高下，这家快餐店发起了名为"绕道巨无霸"（Whopper Detour）的营销活动，在全美范围内标记了14 000多家麦当劳餐厅的地理位置和7000多家汉堡王餐厅的地理位置。凡是下载汉堡王餐厅手机应用的顾客，在任何麦当劳餐厅附近都能解锁到一分钱的招牌汉堡。一旦下单成功，麦当劳餐厅附近的用户就可以到最近的汉堡王餐厅领取汉堡。

第二层：定制化互动

以互动形式体现的情境化营销具有多种层次。在定位式服务中，消费者并不会直接接到产品推销电话，而是有机会对收到的定位信息做出响应。根据消费者的响应，企业可以继续发送其他信息，为营销活动创建用户对话。通过这种方式，企业可以诱导消费者进入体验历程的下一个阶段，通过提供奖励或合适的产品服务，吸引用户从建立品牌意识发展到实现采购行为。这种方式的好处在于，经过各个环节的全面互动，消费者会产生很大的产品购买动力。

为了让情境营销活动更具互动性，企业可使用游戏化的方式增加营销活动的趣味性。例如，购物积分程序Shopkick与美国之鹰等零售企业合作，针对消费者推出了购物赠积分的营销活动，很好地推动了用户购物体验的延伸。这款程序可以在每一个互动环节为消费者提供积分奖励。例如，消费者进入店面可获得积分，扫码了解产品可获得积分，在试衣间试衣也能获得积分。

丝芙兰公司的营销应用也是很好的案例。通过鼓励消费者以店内咨询的方式了解定位式产品和服务，丝芙兰公司为情境营销活动带来了更大的互动性。消费者可以在网上或店内通过名为"丝芙兰虚拟艺术家"的增强现实工具体验化妆品的使用效果。当消费者出现在实体店附近时，系统会提醒他们进店咨询，使顾客购买产品的概率大大增加。

第三层：全面沉浸式体验

个性化营销的最高层次，是营销人员利用传感技术和其他技术（如增强现实或机器人技术）在实体店内为消费者营造全面沉浸式体验。简言之，这种营销活动的目标是要在实体店内为顾客提供全方位的数字化体验。

例如，大卖场型零售企业可使用地理定位数据和增强现实技术为顾客提供沉浸式店内导航服务。以劳氏公司（Lowe's）的手机应用程序为例，购物者可以在手机程序上生成采购清单，然后在清单中添加希望购买的物品。完成这一步之后，只要激活程序中的增强现实选项，手机屏幕上就会出现一条黄色路标，引导顾客用最短的路程找到清单上列出的物品。

拉夫劳伦（Ralph Lauren）等时装品牌推出的智能试衣间服务，也可以在实体店内为消费者提供沉浸式数字化体验。顾客把喜欢的服装带进试衣间后，可通过数字化镜面进行虚拟互动。在射频识别技术的帮助下，所有服装都可以在屏幕镜面上即时展现。消费者可选择不同的尺码和颜色，系统会通知店员为顾客准备服装，甚至向消费者推荐特定的款式和风格。

沉浸式、情境化营销活动的目标是要混淆真实体验和数字体验之间的界限，为消费者提供无缝式的全渠道体验。通过这种方式，企业可以完美地结合数字化技术的个性化威力和实体经营的体验化魅力。

小　结：
打造个性化感知 – 响应体验

物联网和人工智能技术的强强联合，可以为实体经营打造情境化营销体验。基于消费者数据的动态营销是数字化媒体的本质，数字化营销人员可以以自动化方式轻松定制营销产品。以前，实体店经营在应用情境化营销时离不开一线服务人员与消费者的面对面互动能力。现在，在物联网和人工智能技术的帮助下，这种情况已不复存在。

开发人工智能型情境化营销能力，最关键的要素是打造由各种传感设备互联而成的生态系统，这些设备可以安装在电子收银系统或是消费者的住所。基础设施一旦完成，营销人员只需定义触发条件和响应动作即可。当符合描述的目标用户出现在传感器附近时，营销人员就可以更为深刻地了解顾客需求，通过发送信息为其提供所需的产品。在和消费者互动的过程中，营销人员甚至可以为他们营造全面沉浸式体验（见图 10-2）。

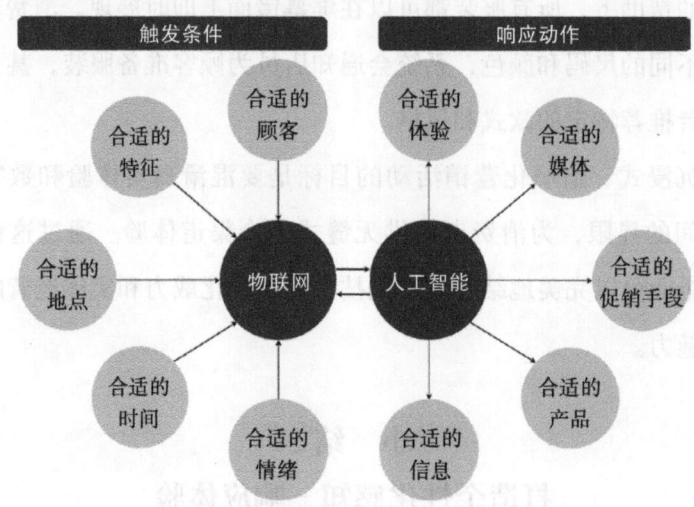

图 10-2　情境化营销中的诱发因素和反馈

思考问题

1. 你所在的企业会怎样利用情境化营销技术？是否存在物联网和人工智能组合应用的机会？
2. 根据对消费者需求的实时了解，思考一下有哪些方式可以实现营销方式的个性化？

MARKETING
5.0
第十一章

增强现实营销：

开发技术增强型人际互动

20世纪90年代末，IBM超级计算机"深蓝"和国际象棋特级大师卡斯帕罗夫之间的对决成为各大媒体报道的焦点。1997年，超级计算机终于首次战胜国际象棋时任世界冠军。在这一年前，卡斯帕罗夫曾在第一次与计算机对决时战胜过，一时间成为国际象棋界和人们茶余饭后的热谈。

很多专业人士认为，计算机的胜利表明机器具备更高的智能。"深蓝"每秒可同时处理2亿次棋局分析，比人脑要快得多。卡斯帕罗夫自己也承认，"深蓝"在比赛过程中的能力深不可测。这一点和人类棋手不同，你可以通过对方的面部表情和肢体语言判断棋局的走势。

后来，包括卡斯帕罗夫在内的很多棋手都很好奇，能否通过计算机辅助分析的方式增强棋手的能力。在此基础上，高级国际象棋（也称自由式国际象棋）比赛形式开始出现，人类选手可以在机器的建议和帮助下进行对战。2005年的高级国际象棋比赛出现了突破性的一幕，在超级计算机辅助特级大师对战的锦标赛中，最终的获胜者竟然是两位业余选手。这两位选手分别是史蒂文·克拉姆顿（Steven Cramton）和扎克里·斯蒂芬（Zackary Stephen），为他们提供分析服务的是名为Team ZackS的三台普通电脑。

在进入决赛之前，排名靠前的几位象棋超级大师已经在计算机协助下击败了大多数超级计算机对手。与此同时，作为黑马出现的Team ZackS战队也击败了一些超级计算机。在最后的决赛中，Team ZackS战胜了同样依靠计算机辅助分析的特级大师。这是因为，这支业余棋队在计算机学习方面做得更好，超过了超级大师和自学习型计算机的表现。

这个案例经常被提及，它表明人机合作的表现始终会超过人类专家或强大计算机的单一表现。问题的关键在于，如何在人类和机器两者之间实现最佳的共生状态。直至今日，超级计算机仍无法复制高度复杂的人类智慧，通用人工智能的梦想还遥不可及（见第六章）。尽管如此，计算机可以很好地接管某些特定的人类工作。因此，技术专家无需开发什么都会做的机器，而是要在机器工作更有优势的几个人工智能应用领域取得突破。

只有明确了解计算机需要学习什么和应当怎样学习，我们才能最大限度地开发出计算机工作的潜力。以此为前提展开的技术开发活动又称智能扩展（IA）。与人工智能试图复制人类智慧的做法相反，智能扩展的目标是利用技术手段强化人类智慧。在智能扩展应用中，人类依然是决策者，只不过增加了计算机分析的辅助功能。

在营销活动中，智能扩展应用适用于那些人类工作占据主导地位，计算机只起辅助作用的场合。也就是说，增强现实营销关注的是需要大量涉及人际互动的营销活动，如销售和客户服务工作。在这些人力资源密集型工作中，技术应用的作用是通过接管低价值业务和协助人类决策的方式提高生产率。

开发分层式消费者界面

消费者界面，即消费者与企业沟通的界面，是构成消费者体验的重要部分。像酒店服务、医疗健康、专业服务，甚至包括高科技在内的很多行业，其中一些消费者界面主要是由人工来服务的。酒店前台、护士、咨询顾问和客户经理是这些行业中的主要服务人员，机器服务在这些领域还不能为消费者提供良好的体验。但是人工服务的缺陷在于，招募和培训这些人员需要耗费很长的时间，使其成为行业精英需要花费的时间更久。这种情况使企业很难扩大规模，极大地限制了公司的发展。

增强现实营销可以解决这一问题。数字化界面可以为消费者提供与企业和品牌互动的新方式。根据高德纳咨询公司的预测，截至2022年，72%的消费者互动将会采用人工智能、聊天机器人和移动信息传输等新技术。尽管数字化界面并不能全面替代面对面的人际互动，但这一变化无疑会极大地节省稀缺的人力资源，让用户沟通变得更智能更迅捷。

Y世代和Z世代的出现将会进一步加速人类对增强现实营销的需求（见第二章）。这两个世代的人群把互联网视为生活中不可或缺的部分，把新技术视为自身能力的延伸。实际上，现实世界和虚拟世界的界限对他们来说已经不复存在，他们将其称为"实体数位化"。在"实体数位化"的生活中，对速度和按需交付的需求将会让位于对数字化界面的需求。

对于增强现实营销，首先要明确技术应用能为一线业务带来哪些增值。建立分层式界面系统是提高生产率的一个可行办法。在企业内部同时搭建数字化界面和人工界面可以很好地帮助企业实现业务扩展，把节省下来的人力资源投入更有价值的工作。

分层式销售界面

在销售过程中，最常见的消费者界面分层是以销售漏斗中的消费者生命周期为基础的。B2B企业一方面可通过数字化界面获取和培育早期销售线索，另一方面通过销售团队开发富有潜力的销售机会和顾客。通过这种方式，企业可以在销售线索开发方面有更广泛的触及。与此同时，企业还必须关注销售人员的业务达成。业务达成是销售漏斗中的最后一步，需要强大的沟通能力和谈判技巧，这样可以保证资源的优化配置。

零售企业在全渠道经营中也可以利用销售界面分层的策略。

数字化渠道用于培养品牌意识、吸引注意力和鼓励产品试用。消费者可通过浏览网站和手机上的产品目录来选择喜欢的产品。丝芙兰和宜家等公司已开始使用增强现实技术鼓励潜在消费者以数字化方式试用产品。通过这种方式，消费者在进入实体店之前就已经对产品产生浓厚的兴趣，便于店面销售人员更好地展开销售活动。

人类和机器在销售过程中的分工是由销售漏斗中的行为专业性决定的。这种混合型模式适用于各种不同的销售渠道，渠道之间存在很大的成本差异。每一个渠道都具备特定的作用，推动潜在消费者在销售漏斗中实现从头到尾的全面体验（见图 11-1）。

图 11-1　增强现实营销在分层销售界面中的应用案例

分层界面可实现人工服务和计算机服务的共生状态，其设计包括以下几个步骤：

1. 确定销售过程中的步骤

典型的销售过程呈漏斗形，销售人员需要从大量销售机会中进行开发，逐步将其转化成一小部分真正购买产品的顾客。销售过程的质量会在销售漏斗中以转化率的方式得以体现。漏斗的顶部包括建立品牌意识、开发潜在客户、甄选优质机会和获取客户数据几个步骤。漏斗中部需要把目标客户转化成潜在的销售机会。最后，漏斗底部涉及销售人员和顾客的互动，深入沟通，达成交易几个步骤。

2. 为可能出现的销售界面列出一份清单

过去，销售过程在很大程度上依赖展会和邮件营销活动来建立品牌意识和开发潜在客户。为培养和接触客户，企业需要采用电话销售或是投入直接销售人员。随着各种先进技术的出现，很多新的消费者界面应运而生。数字化营销覆盖范围广泛，适用于建立消费者的品牌意识。企业可以使用不同的渠道以更低的成本推动销售开发过程，如自助服务网站、增强现实型手机应用程序、人工智能聊天机器人以及直播互动等。

3. 为每一个销售步骤安排最佳界面选择

在确定哪些界面适用于哪些销售环节时，企业需要思考的不只是削减成本的问题，还必须实现效率和效力之间的平衡。根据潜在顾客的不同特征，营销人员可以在行业展会等线下渠道和社交媒体等数字化营销渠道之间进行选择。在销售漏斗的中部和底部，我们也可以使用同样的营销思路。销售团队虽然效力最高，但是营销成本非常大。因此，大部分公司都会把宝贵的资源留给漏斗底部的业务。对于漏斗中部的业务，人工智能型聊天机器人可以取代电话销售的角色。

分层式客服界面

在客服过程中，即和现有顾客进行互动时，以顾客的终身价值或忠诚度水平来确定消费者分层的方式是最常见的。

顾客终身价值是指在预计的互动期内每个顾客可为企业创造的预计收入的净现值。终身价值较低或忠诚度较低的顾客只能接触到数字化界面这个层次的服务，企业的服务成本较低。反之，终身价值较高的顾客可以和高成本的人工客服互动。服务质量分层的做法有利于刺激消费者提高其终身价值，做出更多购买行为或是对特定品牌表现出更高的忠诚度。

互联网上提供的丰富信息可以帮助消费者在遇到产品或服务问题时自行寻找解决方案。为促进这种自助服务模式，很多企业开始为消费者提供可供搜索的网上资源。一些公司组织了互助论坛和用户社区，鼓励消费者在这些平台上互帮互助。在此类社交技术应用中，义务帮助他人的志愿者会得到各种游戏奖章。这种激励用户的做法在科技型公司实施已久，如今被各个行业的企业广为应用。随着知识库的积累和服务论坛的发展，企业可以预测到消费者面对的问题，消费者也能通过互助服务解决问题，不必打扰企业客服人员。

目前，来自网上资源和论坛的知识库已成为企业培养机器学习算法的大型结构化数据。消费者不必再到求助页面或社区寻找问题答案，人工智能算法可以直接回答他们的问题。在此类应用中，自动化客服界面可以是聊天机器人或虚拟助理。它们不但能提供很大的便利，还能即时提供顾客想获得的解决方案。与此类似，呼叫中心和直播聊天室的对话脚本和情境应答内容现在也可以输到人工智能引擎，对顾客经常提出的基本问题做出自动答复。

企业必须建立稳定的人机生态共生系统，通过以下步骤开发分层式客服能力：

1. 开发常见问题知识库

企业客服经验充分表明，绝大多数消费者询问都是些重复性的基本问题，使用人工客服回答这些问题效率是极其低下的。因此，企业要做的第一件事就是把这些问题汇编成可以轻松访问的信息库。良好的结构化处理和分类可以帮助消费者在知识库中轻松找到想要的答案。在知识库开发过程中，企业应使用顾客真实遇到的问题进行故事板分析。此外，好的知识库还必须具备搜索功能。最后，知识库还必须时常更新。

2. 确定客户分层模型

在分析技术的帮助下，企业可以快速分析海量交易数据，并将其细化到个人。企业只需确定一套标准就可以评估每个客户的价值。通常，客户分层会涉及财务衡量指标（如收入、利润率）和非财务衡量指标（如开支比重、互动时间和战略意义）。以这些指标为基础，企业可以把客户分成不同的层次。这种分层应当是动态化的，必须有一种机制可以实现客户层次的上下变化。分层确定之后，每个层次的服务成本预算就能直接确定。也就是说，预算决定着不同的顾客所能接触到的客服类型。

3. 开发多层客服选择

企业可以在不同的客服渠道应用知识库。首先是在网站上分享知识库以提供自助式服务。系统完备、分类清晰的知识库内容可以在聊天机器人和虚拟助理平台得到很好的应用。如果消费者使用机器界面之后仍无法解决问题，企业应提交给人工客服处理。虽然论坛和社区是很好的消费者互助平台，但如果消费者的问题得不到解决，企业必须让客服人员出面，以邮件、在线沟通或电话沟通的方式做出响应。总而言之，企业不能为每一个客户提供所有客服渠道选择。低层客户通常要靠自助式服务解决问题（如在线资源和论坛），高层客户可根据个人喜好接触所有类型的客服渠道（见图11-2）。

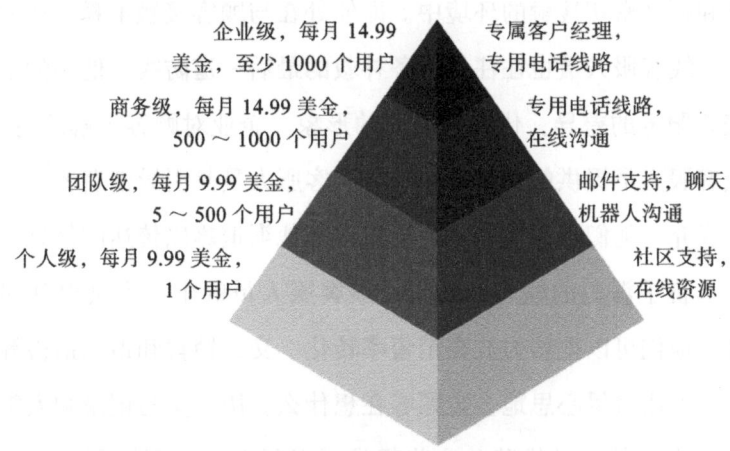

图11-2 增强现实营销在分层客服界面的应用

为一线服务人员提供数字化工具

增强现实营销关乎的不只是劳动分工问题。数字化工具的应用可以帮助一线客服人员更好地与顾客互动。尽管电子商务和网上购物当下十分热门，但绝大多数零售业务仍是在实体店内发生的。大多数顾客习惯于线上搜索、线下购物的消费模式。因此，当消费者在网上完成搜索和信息了解之后，他们同样希望在实体店服务的员工能够提供出色的互动体验。

服务行业也在出现类似的情况。消费者在入住酒店，接受专业服务或是进入教育机构之前，都会从网上阅读相关的服务评论。这些聪明的消费者对服务有很高的期望，这就给企业的一线服务人员带来了很大的挑战。

一线客服人员的作用非常重要，特别是在零售业和服务业等需要和顾客密切接触的环境中。即使处在与顾客接触不算密切的行业，一线客服人员也往往是服务补救的最后一道防线。他们的水平代表着服务的差异，代表着品牌的形象。企业对顾客了解的越多，一线客服人员提供的服务就会越好。客服人员是引导消费者最为重要的媒介，他们可以向顾客展现很多其他渠道难以传达的信息。

具备了深刻的顾客认知，一线客服人员的生产力会得到很大提升。他们可以把精力放在销售率转化、交叉销售和追加销售等方面，而不用费尽心思地去猜顾客在想什么。历史交易记录和人工智能系统提供的产品推荐，这些都是可以帮助员工理解顾客需求的有用信息。对顾客需求进行预测是一线客服人员需要具备的重要能力。此外，能否提供个性化互动，能否快速和顾客建立密切人际关系，这些也是十分重要的客服能力。

对于希望提供全渠道体验的企业来说，在实体店应用数字化工具有助于减少销售摩擦。以丝芙兰推出的数字化化妆体验服务为例，消费者可在线预约化妆师，在店内浏览网上画册寻找化妆灵感。然后，化妆师会用一款小型扫描器获取肤质信息，为顾客挑选最合适的彩妆。结合画册信息和肤质数据，化妆师可以找出最符合用户特征的产品。化妆完成后，化妆师会通过邮件向顾客发送化妆步骤和用到的产品，诱导用户重复购买。

企业不仅要为顾客提供数字化服务界面，还要为员工提供与之匹配的数字化工具，使用移动设备或可穿戴设备为客服人员提供消费者信息。例如，酒店顾客可使用室内平板或智能手机发送服务请求，这些请求可直接发送或通过聊天机器人转发到客房部、餐厅或礼宾台。这种服务方式可以提高响应速度，进而改善用户的消费体验。

企业为一线客服人员提供合适的数字化工具包括以下几个步骤：

1. 了解一线客服工作存在的业务难点

在为客服人员准备数字化服务手段时，企业犯的最大错误是过于关注技术层面，忘记了实施技术应用的真正原因。实际上，了解员工体验和了解顾客体验同等重要。为此，我们必须在描述顾客体验的同时准确地描述员工的服务体验。一线客服工作充满困难和压力，但同时能带来很多深刻的认识。企业必须聆听客服人员的心声，了解客服工作的难点。和顾客一样，客服员工时常会为低下的效率感到头疼，这些工作会耗费他们大量的时间。另外，员工还会担心工作出错，无法满足顾客需求往往会导致顾客投诉自己。

2. 了解技术应用如何解决问题

发现服务工作的难点之后，企业要了解哪些技术可以有效解决问题。大多数情况下，企业关注的是那些可以整合到整个信息技术系统的解决方案。实际上，正确选择技术应用的关键在于能否吸引员工参与。换句话说，技术应用测试离不开客服人员的支持。这样做有助于企业在实施技术应用之前预测可能出现的问题，提高成功应用的概率。此外，了解一线客服人员如何使用技术也非常重要。企业必须选择合适的硬件，智能手机和平板电脑已成为完成某些工作的数字化标配工具。有些情况下客服人员在工作时无法使用手机或平板电脑，可穿戴设备会成为比较理想的选择。

3. 关注变革管理

和营销 5.0 的其他要素有所不同，增强现实营销需要实现一线客服人员和技术工具的密切协作。对于很多企业，特别是拥有大量一线客服人员的企业来说，对变革的抵触才是需要面对的最大挑战。并不是所有的消费者都是"技术控"，企业的所有员工也不一定都做好了数字化转型的准备。换句话说，不是每个人都乐意接受技术带来的增强现实体验。因此，能否培训员工提高数字化应用技能直接决定着企业的成败。我们在这里所说的学习，不只是对应用技能的掌握，更重要的是对数字化思维方式的把握。在实施过程中，企业还必须及时发现问题并加以解决。

小　结：
开发技术增强型人际互动

消费者界面是人机共生系统可以带来重大服务改善的一个重要领域。对于简单直接的顾客询问，使用数字化界面完全可以解决问题。但是在注重咨询的业务互动中，计算机还达不到人类面对面沟通的水平。因此，企业必须在分层服务的基础上实现劳动分工。

在销售过程中，销售漏斗的顶部和中部可采用机器服务，在底部使用人工客服界面。在客服工作中，数字化自助式界面适用于大众服务，客服支持团队适用于为高价值顾客提供服务。企业应利用人工智能手段保证数字化界面的服务质量。

增强现实营销还关系到如何使用数字化技术改善一线客服人员的工作。熟谙网络信息的消费者肯定希望为其服务的工作人员对产品和服务同样了如指掌。在进行客服互动时，了解消费者信息可以帮助员工为每一个顾客提供量身定制的解决方案。员工和顾客之间的双向互动界面可以有效减少服务摩擦，改善用户的服务体验。

思考问题

1. 思考一下你可以在哪些方面提高一线销售人员和客服人员的生产率？销售和客服工作中有哪些环节可以用计算机系统取代人力工作？
2. 怎样才能帮助一线服务人员做出更好的决策？例如，怎样让你的销售人员使用顾客定位数据提高销售转化率？

MARKETING 5.0

第十二章

敏捷营销：

既快又好地实施营销活动

Zara 是近十年来全球最为成功的快时尚品牌之一。和其他注重季节性时尚趋势的传统服装公司不同，隶属于西班牙 Inditex 集团的 Zara 品牌每年在全球推出一万多种设计风格，依靠快速周转的经营方式引领市场。只需几周时间，Inditex 集团就可以把各大时装秀的最新趋势推广到旗下的每个店面。这种惊人的开发速度离不开敏捷设计和强大的供应链管理。

这家公司时刻关注全球范围内的明星着装和时装秀场。通过分析店内库存的销售情况，利用射频识别跟踪技术实时确定市场需求。在充分了解市场信息的基础上，公司遍布世界各地的设计师团队非常明确哪些产品值得开发。在时装设计的同时，生产加工也同步展开，大大缩短了产品投入市场的周期。此外，Zara 十分重视小批量生产，这样一方面可以确保较高的库存周转，同时可以降低风险，确保品牌在大规模生产之前经过严格的市场检验。

Zara 的进入市场策略属于典型的敏捷营销。实时技术分析、快速响应团队、灵活的产品平台、同步式设计生产，以及快速市场检验，这些都是敏捷型组织机构的标准特征。Zara 的这种经营模式甚至改变了人们购买服装和配饰的方式。

然而，快时尚零售行业是消费者贬褒不一的行业。尽管拥有庞大的消费者基础，很多商家仍会受到非议，特别是生产中存在的浪费现象以及用工不当行为。对于这些敏感问题，敏捷型企业必须快速做出反应。为此，Zara 宣布支持循环经济，持续使用可重复使用和可循环的材料生产服装。Zara 宣布到 2025 年，旗下所有的服装产品都将使用可持续材料生产加工。

如何在后疫情时代开展经营是 Zara 的敏捷营销需要面对的重大考验。Zara 旗下的实体店大部分都是电商业务的线下交易中心。随着新冠肺炎疫情的出现，公司临时关闭了大量门店，全球范围内有 1200 家店面被永久关闭，其营销计划必须进行相应的调整。未来十年，网上销售和实体店经营的结合将会成为保证品牌生存的重要目标。

为什么需要敏捷营销

高科技行业的特点是产品周期很短。高科技企业之间的竞争，是为了成为第一个开发出适销产品的企业，这样可以在技术过时之前获取最大程度的价值回报。为此，企业必须密切关注市场中的新趋势和不断变化的消费者行为，同时快速做出响应。高科技企业的新产品迭代过程非常快，因为产品的盈利周期都很短暂。可以说，高科技企业是第一批采用敏捷营销的。

在快速发展的数字化时代，服装、消费者包装产品、家用电器以及汽车等其他行业也在不同程度上出现了产品生命周期缩短的现象。在这些行业中，由于新产品的大量涌现，消费者对产品的喜好程度开始出现快速变化。实际上，就连消费者体验也会过时。当周围的人开始使用相同的产品或更好的产品时，曾经令人心动的使用体验很快就会不复存在。

时刻连通的数字化环境是造成消费者喜好快速变化的主要原因。曾经高度个人化的用户体验如今在社交媒体上瞬间就可以传播到每一个消费者，当企业再次复制该用户体验时，消费者的惊喜程度就会大打折扣。时刻在线的消费者需要企业提供时刻在线的品牌，以满足他们全年无休的体验需求。这就是汤姆·马奇（Tom March）所说的新WWW时代，即随时随地随心所欲（whatever, whenever, wherever），一切都是由消费者的即时需求决定的。受此影响，企业必须时刻关注消费者需求变化，以更快的速度对变化的趋势做出反应。

传统的预先规划式进入市场策略已经失效。在充满波动性、不确定性、复杂性和模糊性的数字化新时代，企业不可能制订一劳永逸、无需改动和调整的长期发展方案。实际上，当企业为营销方案制定好行动时间点时，大部分长期规划已经落后于市场形势了。

鉴于此，企业必须赶上消费者变化的速度，同时赶超竞争对手做出快速响应，这就是敏捷营销的意义所在。长期以来，业务经营的稳定性一直都是衡量企业发展的唯一重要的要素。尽管这一要素依然有效，但数字化时代的营销离不开敏捷团队的贡献，因为他们是推动新业务增长的重要催化剂。对于希望实施营销5.0战略的企业来说，敏捷营销是推动企业走向成功的最后一个关键要素。简言之，敏捷营销可以帮助企业很好地适应快速变化和充满不确定性的未来商业环境。

如何开发敏捷营销

敏捷营销需要企业具备传统公司缺乏的某些思维方式。通常，初创企业由于资源的缺乏会自然具备敏捷营销的思维方式。它们必须在紧张的预算花光之前快速开发出适销对路的产品。大型企业应用敏捷营销的方式有些不同。大型企业复杂的组织结构和内在的官僚作风是敏捷营销的天敌。大型企业应当组织不同的团队，一方面确保维持稳定盈利的业务经营，另一方面确保不会错过下一个重大的市场机遇。因此，敏捷营销活动通常仅限于那些关注新增长点的创新项目。

敏捷营销型组织具备一些重要的组成部分（见图12-1）。首先，企业需要建立实时分析系统。其次是建立去中心化的敏捷开发团队，根据实时分析反馈市场意见。接下来，这些团队需要在灵活的产品平台上确定不同的产品或活动配置，然后以同步开发的方式对产品进行快速检验，缩短从创意到产品原型的开发周期。通过在真实市场对每一种产品配置方案接受程度的检测反馈，营销人员可以确定哪一种产品配置最有可能带来重大利润回报。在整个敏捷营销活动的执行过程中，企业必须充分利用内部和外部资源，必须具备开放式创新思维。

图 12-1 开发敏捷营销活动

打造实时分析能力

敏捷营销必须具备快速响应机制。因此，企业首先要做的是打造分析能力。这样做的目的是发现问题，从而改善企业的产品和服务方案，寻找新的业务增长机会。为此，企业必须获取足够的消费者信息，对其行为变化进行实时跟踪。社交聆听工具（又称社交媒体监控技术）可有效跟踪社交媒体和网络社区针对某个品牌的所有讨论内容。这些工具可以把非结构化的社交对话过滤成有用的用户情报，如关键字、潜在趋势、两极化观点、品牌情感、活动可见度、产品接受度和竞争对手反应等。此外,企业还可以通过地理位置标签的方式丰富数据内容,便于针对不同的地区和位置对网络意见进行跟踪。

通过分析顾客流量和交易量,企业还可以对消费者行为进行跟踪。例如,我们可以跟踪消费者浏览公司网站的足迹,对电子购物活动进行实时分析。对于实体经营的企业,来自电子收银系统的数据具有重要的分析价值,可用于评估某个产品是否具备市场吸引力。利用产品标签上的射频识别信息,企业甚至可以跟踪到产品交易之前的历史信息。例如,零售企业可以了解到消费者花费多长时间做出购买决定,以及他们在付款之前还浏览过哪些区域。

在顾客允许的情况下,射频识别信息甚至可以作为可穿戴设备使用,用以跟踪消费者的移动范围,进而改善用户体验。例如,迪士尼公司把内嵌有射频识别信息的魔法手环发给游客,此举可以准确跟踪消费者在主题公园内的移动状态。在梅奥诊所,患者的手环和员工的胸章中都含有射频识别信息,目的也是跟踪用户的位置和移动状况。一些 B2B 企业使用射频识别信息跟踪技术管理物流运输,以实现供应链的优化。

这些流量和交易数据对于分析营销活动和结果之间的关系,以及产品发布和销售情况之间的关系具有重要的帮助作用。此外,这些数据还有助于确定最佳的产品 – 市场组合。营销活动是否成功,其衡量指标必须既有意义又切实可行,只有这样企业才能明确了解营销活动或产品开发过程中有哪些地方需要修正。实时分析技术可以帮助企业对营销活动和产品开发进行快速测试,确保得到经过市场检验的有效反馈。

建立去中心化的团队

敏捷营销需要多个小型团队负责实施不同的活动，根据实时分析的结果提供行动意见。在敏捷营销活动中，每一个小组负责一个具体任务，每个任务都有明确的完成时间。这样一来，各个团队就会更好地承担责任。这种管理模式源自框架开发，是软件开发流程中常见的一种敏捷模式。在营销领域，敏捷开发的应用包括消费者新体验设计、产品创新、营销流程改善、创意营销活动，以及新业务开发等诸多方面。

组织结构壁垒是阻碍敏捷营销活动的一个主要问题。很多大型企业都试图用相互矛盾的关键绩效指标来统一不同的职能部门。为此，每一个敏捷团队都应当具备专门的，具有多项专业背景（如产品开发、营销和技术等）的跨职能组员。由于开发小组规模不大，目标统一，这种组织方式能有效破除部门之间存在的壁垒。与此同时，企业员工也会表现出更高的参与意识，认为自己的工作更有意义。

除了减少部门之间的摩擦，跨职能团队还能推动多样化思维，这一点对创新项目非常重要。在推动创意实现方面，跨职能团队的作用也不可或缺。例如，营销人员在阐述市场观点的同时，工程开发人员可以有效地把开发创意转变成产品原型。每个团队都必须具备独立完成目标所需的所有必要资源。

传统的以逐级批准方式为特征的决策模型，对敏捷营销而言过于烦琐臃肿。在数字化时代，企业决策必须要快，任何延迟都会对行动结果造成重大影响。因此，各个团队必须实现自治管理，对所负责的任务具备分布式的独立决策权。灵活的管理模式离不开企业高级管理层的支持，高级管理层在敏捷营销活动中的作用是监督实施过程，从战略层面给予反馈，以及在鼓励团队自主行动的同时为其提供指导。最重要的是，高级管理层必须融入整个敏捷开发项目，实现个人目标和企业整体目标的统一。

开发灵活的产品平台

敏捷型团队之所以能做到快速迭代，最重要的原因是他们不必每次都从头开发新项目。实际上，他们每一次新的迭代都是以相同的模板为基础的，即所谓的平台。例如，当消费者在评估某个产品时，他们不会喜欢或是讨厌该产品的所有方面，而是喜欢某些部分不喜欢另一些部分。在此基础上，我们可以对产品特征、软件组件、消费体验触点或创意设计等不同的环节进行模块化分层开发。最基本的模块即核心产品，其他部分可以在此基础上进行调整和拼接，从而实现对产品的逐渐完善。

软件开发企业和很多数字化企业的产品开发过程都是非常灵活和高度敏捷的。这些企业没有实体资产，非常适应市场的高度变化和不确定性。尽管敏捷开发源自数字化产品领域，但这种做法在车辆生产企业中并不罕见。以汽车制造业为例，以通用平台为基础进行产品开发非常常见。我们看到的不同外观不同品牌的车型，大多是在同一个平台上加工而成。之所以采用这种做法，是因为它能节省成本，在全球范围内实现标准化生产加工。通过这种方式，汽车制造商可以在保持低价的同时，针对不同的市场需求开发多样化的定制设计。

有时候，企业为改善敏捷经营会把商业模式从硬件生产转型到数字化服务。一些硬件和软件产品由于销售周期较长，如果产品改善不够重大，消费者不会经常进行升级。在这种情况下，敏捷营销很难发挥作用。正因为如此，很多科技型企业会转变策略，不再强调企业级软件和硬件产品的销售，而是提供订阅式服务。在这种新的业务模式下，它们可以为顾客提供高度整合且不断升级的产品服务。

有了灵活的产品平台，敏捷型团队可以快速实验各种产品配置，直到市场做出最佳反馈为止。最重要的是，产品平台和模块化组件可以帮助企业实现产品的大规模定制。消费者可以对各种产品选择独特的个性化配置，如酸奶冰激凌、鞋子、笔记本电脑等。

打造同步开发能力

传统的创新项目通常遵循瀑布式或门径管理式流程，即从创意提出到产品投入市场必须按顺序逐级实现，每一个阶段结束时都有一个检测点。如果前一个阶段未能完成，开发过程就无法进入到下一个阶段。整个项目实施下来有很多个检测点，非常耗费时间。

在敏捷营销中，瀑布式开发流程被并行式流程取代。并行式流程的特点是各个阶段同步开展，并行不悖。除了开发速度更快之外，并行式流程还有另外一个重要优点。瀑布式开发不适用于大型长期项目的开发，因为后期出现的任何一个错误都会导致前功尽弃，一切都要从头再来。此外，这种结构化模式过于刚硬，项目一旦开始就无法进行任何重大修改。显然，并行式开发可以很好地解决上述问题。

不同于瀑布式开发，并行式创新项目的每一个组件，如设计、生产和商业案例，都必须在开发前期同时考虑到。所有的工作都必须分解成细化的任务指标，缩短各个指标的完成周期。这样一来，我们就可以快速发现并解决潜在的问题，不必使创新活动的开发陷入积重难返的境地。

并行式开发也有一些需要解决的问题，其中风险最大的问题是各个团队之间的工作能否实现顺利整合。为实现这一目标，各个团队内部以及团队之间的持续协调非常重要，它能确保彼此之间的工作有效衔接。某个小组内部的每一次增量开发和变更都必须通知到其他小组，只有这样它们才能及时做出相应的调整。为实现高效的协同，敏捷开发团队必须每天举行一次简短的例会。由于会议简短，各个团队必须快速做出决策。刚开始使用敏捷开发的企业对此会感到充满挑战。

在敏捷营销中，开发阶段和检验阶段也是同步展开的。开发团队不会等待市场对刚刚完成的迭代进行检验，而是直接投入下一次产品迭代。因此，市场检验要想对后面的开发工作产生影响，就必须在两次产品迭代之间快速完成。因此，为了在后续的开发中吸取之前的经验和教训，企业必须在产品迭代之间快速进行市场检验。

进行快速检验

快速检验是敏捷营销最为重要的组成要素之一。传统的概念测试依靠的是产品发布之前的市场调查，这些调查关注的是消费者意见，它们（这些调查）是构成新产品开发或创意活动的基础。在概念测试过程中，营销人员把产品开发理念描述给一群受访者，由于开发理念是假设的，还没有可实现的原型，受访者往往很难对最终的产品形成具体概念。受此影响，传统的概念测试经常会出现偏差。另一方面，这种检验方式在结果出现之前通常会存在延迟，等发现问题再去修改已为时已晚。

在敏捷营销过程中，企业会小批量生产实际产品，按照精益创新模式出售给真实的顾客。早期完成的产品版本通常只具备产品发布所需的基本特征，我们把这种产品称为最小化可行产品。在这里需要说明的是，产品的概念非常宽泛，可以是具体的产品，也可以是新的用户界面和用户体验，以及新的活动创意。尽快发布最小化可行产品对企业非常关键，它能帮助企业尽快了解消费者对产品有哪些附加的特性需求，从而推动产品的进一步开发。

快速检验有助于企业在可控环境下了解消费者需求。由于检验活动孤立于特定地理位置之外，企业可以安全地进行容错开发和风险管理。开发人员可以通过多次迭代不断改善产品的特征。另外，实时分析技术可以帮助企业在发布下一个版本或是推出最终产品之前，对产品的市场接受程度进行即时测量。

在实施检验的过程中，企业不一定都要坚守初始开发理念，不断进行小规模特性优化。某些情况下，如果市场对经过几次迭代的新产品的接受程度很差,敏捷开发团队必须做出彻底改变项目开发方向的决定。通过技术分析获得的市场新观点也有可能改变项目的开发方向。在敏捷开发理论中,这种现象被称为转型调整。转型调整之所以充满挑战,是因为开发团队必须返回到初始阶段,重新思考设计中存在的问题和机会。当设计方案无法达到预期目的时,能否快速转型调整通常被视为传统企业和敏捷企业之间的最为显著的区别。

拥抱开放式创新

尽管敏捷开发以团队协作为核心,这种方式并不意味着企业的整个开发过程都必须在内部完成。为缩短产品从开发到进入市场的周期,企业必须同时利用内部资源和外部资源。从这个意义上说,亨利·切萨布鲁夫(Henry Chesbrough)提出的开放式创新理念和敏捷营销是完全一致的。这种创新方式有助于企业获得全球范围内的创意、解决方案和专业人才。在这种模式的帮助下,企业无需投资重金建设自己的创新实验室或研发中心。

当前,企业可采用"走出去"和"走进来"两种方式开放创新活动。对于大型企业内部开发的项目,可使用开源方式获得外部世界的技术支持。在世界各地开发人员的帮助下,这种创新很容易取得技术突破,为项目带来重大的性能改善。例如,谷歌的高级人工智能引擎 TensorFlow 就是通过开源方式开发的技术项目。

企业还可以接受来自外部网络的开发创意。这种用户联创或第三方合作开发方式可以有效加速创新活动并改善创新质量。企业借鉴外部创意的具体方式有很多种，其中最常见的是开放式创新邀请，在网络上公开项目开发遇到的难题，邀请经验丰富的人士参与提供解决方案。例如，新加坡航空公司通过 AppChallenge 网站寻求数字化解决方案，极大地改善了消费者的用户体验。苏黎世创新大赛为改善保险行业表现面向全球寻求技术创意，包括人工智能和自然语言处理等高级应用程序。

开放式创新市场也是企业获得外部技术支持的一种途径。InnoCentive 就是这样一个平台，负责在有创新需求的企业和希望获得现金回报的问题解决者之间建立沟通渠道。企业还可以自行搭建外部创新合作伙伴网络，宝洁公司的"Connect+Develop"就是一个很好的例子，该平台可以帮助企业有效管理与创新团队和专利持有人之间的伙伴关系。

使用开放式创新模式最大的问题是如何实现敏捷开发团队和创新合作伙伴之间的统一。敏捷开发团队通常是异地分布式的，需要在有限的时间内确保密切的团队间协作。开放式创新需要敏捷开发团队和外部力量进行合作，实现分布式敏捷开发。

敏捷营销项目管理

在营销项目管理中应用敏捷原则需要快速简洁的文档记录。单页工作表可以帮助敏捷开发团队有效地总结针对具体营销项目的思路（见图 12-2）。鉴于协调工作在敏捷型组织中的重要作用，文档也是每个阶段传达增量开发信息的有效沟通手段。

敏捷营销工作表		
营销内容	更新销售渠道消费者体验	**团队成员** 比尔（销售部） 莱亚（客服部） 约翰（营销部） 阿利亚纳（电话营销部） 泰勒（信息技术部）
工作流	开发销售探索聊天机器人	
开发周期：1 个月　　完成时间点：7 月 1～4 周		

市场需求	解决方案/改善之处
顾客问题 • 网站问询平均响应时间：48 小时 **内部问题** • 每月询问数量：5000 个 • 管理员数量：2 人 • 每月可转化的销售业务数量：500 个 • 问题类型：58% 与产品相关，11% 要求展示	**最小化可行产品** • 以现有聊天机器人开发平台为基础 • 可快速答复问题的对话机器人 • 可回答 50% 的产品相关问题 **主要目标和衡量标准** • 首月使用聊天机器人的用户数量：1000 人 • 首月转化的销售业务数量：200 个

任务分解	时间点	负责人
• 对比并选择平台	第 1 周	泰勒
• 开发常见问题答案库	第 1～2 周	比尔
• 设计对话模式	第 2～3 周	莱亚
• 开发故事板	第 2～3 周	约翰
• 设计内测版	第 3～4 周	泰勒
• 部署内测版	第 4 周	泰勒

市场测试结果
• 主要目标和衡量指标 • 实现首月聊天机器人用户数量：500 人 • 实现首月有效销售机会：50 个 **使用反馈** • 聊天机器人在网站的部署位置不够显著，访客难以发现。 • 用户平均互动次数为 2.3 次，须添加到主要目标和衡量指标中。 • （如何使用聊天机器人的）演示动画应作为下一步开发的重点。

图 12-2　敏捷营销工作表样例

敏捷营销工作表应包含以下关键内容：首先是市场需求部分，它列出了需要解决的问题，以及实时数据分析揭示的有待改进之处；其次，团队建议的解决方案和迭代内容也必须详细记录下来，特别是有关最小化可行产品的定义；再次，还应当包含具体的工作任务、完成时间点和相关负责人等信息；最后，表中还必须记录市场检测结果，这些结果有助于后续的产品迭代开发。

每一个产品开发周期和迭代过程都必须写入工作表，分发给所有相关人员。这项文档工作不应被视为团队可有可无的文书工作，其目的是在每一个营销项目中实现目标、行动和结果之间的高度统一。

小　结：
既快又好地实施营销活动

在数字化时代，由于消费者期望值的不断变化以及新产品的大量涌现，各个行业的产品生命周期都大大缩短。消费者体验领域也出现了这种现象，导致用户的体验感受转瞬即逝。

传统的营销规划和项目管理模式已不再适合新的数字化现实。长期营销战略已是明日黄花，毫无用武之地。瀑布式或门径管理式创新流程速度非常缓慢，如今时刻在线的消费者要求企业必须具备灵活多变的组织结构，这就为敏捷营销提供了市场。企业的经营稳定性离不开敏捷营销的补充和支持，后者可为企业增长提供重要的催化作用。

敏捷营销的实施包括几个组成部分，实时分析有助于企业快速获取市场信息，在此基础上，企业可以小批量地设计开发营销活动，利用分布式敏捷开发团队实现增量式开发。开发团队可使用灵活的产品平台进行同步开发，快速打造出最小化可行产品。与此同时，产品迭代可通过快速市场检验的方式同步进行。为进一步加速整个过程，企业可使用开放式创新手段，利用内部和外部资源共同推动项目开发。

思考问题

1. 你所在的企业是否具备敏捷性？实施敏捷营销的主要障碍是什么？
2. 你会为敏捷营销项目设计开发哪些营销活动？请使用敏捷营销工作表列出所有活动要素。

科特勒新营销系列

书号	书名	定价	作者
978-7-111-71337-1	营销革命5.0：以人为本的技术	69.00	(美) 菲利普·科特勒
978-7-111-66272-3	什么是营销	69.00	曹虎 王赛 科特勒咨询集团(中国)
978-7-111-62454-7	菲利普·科特勒传:世界皆营销	69.00	(美) 菲利普·科特勒
978-7-111-63264-1	米尔顿·科特勒传:奋斗或死亡	79.00	(美) 菲利普·科特勒
978-7-111-58599-2	营销革命4.0:从传统到数字	45.00	(美) 菲利普·科特勒
978-7-111-61974-1	营销革命3.0:从价值到值观的营销(轻携版)	59.00	(美) 菲利普·科特勒
978-7-111-61739-6	水平营销:突破性创意的探寻法(轻携版)	59.00	(美) 菲利普·科特勒
978-7-111-55638-1	数字时代的营销战略	99.00	(美) 艾拉·考夫曼 (中) 曹虎 王赛 乔林

彼得·德鲁克全集

序号	书名	序号	书名
1	工业人的未来 The Future of Industrial Man	21 ☆	迈向经济新纪元 Toward the Next Economics and Other Essays
2	公司的概念 Concept of the Corporation	22 ☆	时代变局中的管理者 The Changing World of the Executive
3	新社会 The New Society：The Anatomy of Industrial Order	23	最后的完美世界 The Last of All Possible Worlds
4	管理的实践 The Practice of Management	24	行善的诱惑 The Temptation to Do Good
5	已经发生的未来 Landmarks of Tomorrow：A Report on the New "Post-Modern" World	25	创新与企业家精神 Innovation and Entrepreneurship
6	为成果而管理 Managing for Results	26	管理前沿 The Frontiers of Management
7	卓有成效的管理者 The Effective Executive	27	管理新现实 The New Realities
8 ☆	不连续的时代 The Age of Discontinuity	28	非营利组织的管理 Managing the Non-Profit Organization
9 ☆	面向未来的管理者 Preparing Tomorrow's Business Leaders Today	29	管理未来 Managing for the Future
10 ☆	技术与管理 Technology，Management and Society	30 ☆	生态愿景 The Ecological Vision
11 ☆	人与商业 Men，Ideas，and Politics	31 ☆	知识社会 Post-Capitalist Society
12	管理：使命、责任、实践（实践篇）	32	巨变时代的管理 Managing in a Time of Great Change
13	管理：使命、责任、实践（使命篇）	33	德鲁克看中国与日本：德鲁克对话"日本商业圣手"中内功 Drucker on Asia
14	管理：使命、责任、实践（责任篇）Management: Tasks, Responsibilities, Practices	34	德鲁克论管理 Peter Drucker on the Profession of Management
15	养老金革命 The Pension Fund Revolution	35	21世纪的管理挑战 Management Challenges for the 21st Century
16	人与绩效：德鲁克论管理精华 People and Performance	36	德鲁克管理思想精要 The Essential Drucker
17 ☆	认识管理 An Introductory View of Management	37	下一个社会的管理 Managing in the Next Society
18	德鲁克经典管理案例解析（纪念版）Management Cases(Revised Edition)	38	功能社会：德鲁克自选集 A Functioning Society
19	旁观者：管理大师德鲁克回忆录 Adventures of a Bystander	39 ☆	德鲁克演讲实录 The Drucker Lectures
20	动荡时代的管理 Managing in Turbulent Times	40	管理（原书修订版）Management (Revised Edition)
注：序号有标记的书是新增引进翻译出版的作品		41	卓有成效管理者的实践（纪念版）The Effective Executive in Action

推荐阅读

  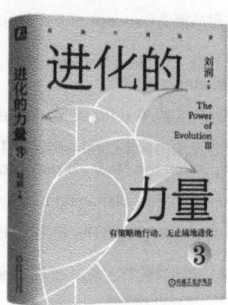

关键跃升：新任管理者成事的底层逻辑

从"自己完成任务"跃升到"通过别人完成任务"，你不可不知的道理、方法和工具，一次性全部给到你

底层逻辑：看清这个世界的底牌

为你准备一整套思维框架，助你启动"开挂人生"

底层逻辑2：理解商业世界的本质

带你升维思考，看透商业的本质

进化的力量

提炼个人和企业发展的8个新机遇，帮助你疯狂进化！

进化的力量2：寻找不确定性中的确定性

抵御寒气，把确定性传递给每一个人

进化的力量3

有策略地行动，无止境地进化